삼산
이태중평전
청백리

청백리 삼산 이태중 평전
ⓒ 이태복, 2019

초판 1쇄 펴낸날 2019년 11월 25일

지은이   이태복
펴낸이   이건복
펴낸곳   도서출판 동녘

등록   제311-1980-01호 1980년 3월 25일
주소   (10881) 경기도 파주시 회동길 77-26
전화   영업 031-955-3000 편집 031-955-3005 전송 031-955-3009
블로그   www.dongnyok.com 전자우편 editor@dongnyok.com

ISBN 978-89-7297-948-7 03190

청백리 삼산 이태중 평전

이태복 지음

동녘

머리말

청백리 삼산 이태중에 관한 역사를 쓴다는 것은 정말 어려운 일이었다. 조선 시대 제법 이름 있는 선비들은 대개 자신의 시문집을 갖고 있다. 그런데 삼산 이태중의 경우는 《삼산집》이 있다고 기록되어 있지만 본가를 비롯해 전국의 향교, 도서관, 규장각, 고전번역원 등 어디에도 《삼산집》은 없었다. 삼산공이 청백리였기 때문에 인쇄를 하지 못하고 필사본 형태로 본가에서 보관하다가 6·25전쟁의 와중에 사라진 것 같다는 게 집안사람들의 얘기다. 그래도 필자는 너무나 아쉬워 해외로 유출된 한적(漢籍)이 돌아왔다는 소식이 들릴 때마다 수소문했지만 결국 헛수고였다.

그래서 할 수 없이 삼산공에 대한 《왕조실록》, 《승정원일기》 등 관찬 사료와 삼산 이태중과 교류했던 인물들의 문집에 실려 있던 이태중의 간찰과 시편들을 찾았다. 이 과정에서 특히 아내인 심복자 박사가 찾아낸 조명조의 시문집에 실려 있는 그의 시와 간찰을 찾았을 때의 기쁨은 이루 말로 표현할 수 없었다.

역시나 이 책을 쓰는 데 가장 어려웠던 문제는 부족한 자료였다. 풍고 김조순의 시장(諡狀)이 비교적 삼산 이태중에 대해 자세하게 적어놓았기 때문에 앞뒤 상황과 여러 문제들을 정리해나가면 되지 않을까 했는데 그게 아니었다. 영조 초·중반기에 해당하는 이 시기는 숱한 사건이 엎치락뒤치락하던 때이고, 이태중과 동료 선비들의 태도가 분명한 때도 있지만 정확히 어떤 입장이었는지 확인할 길이 없어서 글을 쓰기가 쉽지 않았다. 다행히 자료는 많지 않았지만 중요한 족적에 대한 기록들이 발견되어서 이태중의 모습을 부족하나마 그려낼 수 있었다.

그런데 자료를 찾아 읽어볼수록, 특히 이윤영의《단릉유고》나 이인상이 쓴 〈수정루기〉를 통해 그 당시 선비들의 이태중에 대한 존경과 사랑이 얼마나 컸는지도 생생하게 알게 됐다. 그냥 청렴 강직한 청백리였다고 알고 있었는데, 그 이상의 뛰어난 인물이었다. 이러한 몇 안 되는 자료를 통해 그가 선비들의 표상일 뿐만 아니라, 후세에도 영원히 기억되길 간절히 바라는 마음에서 단양의 사인암에 그의 이름을 새겨 남겨놓을 만큼 그에 대한 흠모의 진정성이 고스란히 전해졌다.

삼산 이태중은 선비로서 명분과 대의에 맞지 않으면 죽음을 무릅쓰고 왕에게 간언했다. 절해고도로 쫓겨나거나 산간벽지에 갇히더라도 할 말은 했다. 그는 공직을 생계 수단으로 여기지도 않았고, 임금이 신하를 업신여기도록 봉록을 받지도 않았다. 오직 백성에게 도움이 되는 일이라면 했고, 백성 구제에 전력을 다했다. 부패한 관리를 숙청하고 백성들의 혈세 낭비를 뿌리 뽑아 민생 구제에 힘썼다. 관찰사로 재직 시 멸치 한 접시와 된장찌개 한 그릇을 놓고 식사하는 이태중의 청렴결백한 생활 태도는 백성들의 신임과 사랑을 받았고, 그가 서거했다는 소식을 듣고서 관서 백성들이 목 놓아 울었다고 한다.

필자가 늦었지만 지금이라도 이태중에 대한 글을 쓰려고 한 가장 큰 이유는 그가 필자가 존경하고 닮고 싶은 인물이고, 그의 삶의 태도가 당당하고 올바르기 때문이다. 그간 필자가 인물 평전으로 기록한 분들은 모두 세 분이다. 첫 인물이 2006년 도산 안창호, 2011년 토정 이지함, 2019년 매헌 윤봉길이다. 네 번째 사표인 삼산 이태중에 대해 기록을 남기는 것은 280여 년 전의 인물이지만, 여전히 우리 사회는 청백리 이태중을 필요로 한다는 점 때문이다.

특히 21세기 한국 사회에서 공직자는 백만 명을 넘어서는데, 실효도 없는 일자리 사업에 26조라는 천문학적인 자금을 쏟아붓고, 기술 연구 개발 예산이 20조가 넘는 데도 일본과의 경제 전쟁에서 드러나듯 여전히 국산화는 거리가 멀며, 여전히 세금 도둑질하는 자들이 넘쳐나고 있다. 필자가 청와대 수

석비서관과 보건복지부장관 시절의 경험에서 보면 열심히 일하는 소수의 공직자들이 있지만 나라의 현실이 변하지 않고 있는 것은 끝까지 책임감을 갖고 나라와 국민을 생각하며 일하는 공직자들이 매우 적기 때문이다. 중국의 국가 개발 계획 달성률이 80~90%인 데 비해 한국은 (환경을 포함해서) 40% 미만에 머물고 있고, 정권이 바뀌면 용어만 바꾸어 새로운 사업을 하는 것처럼 꾸미고 있으니 기가 막힐 일이다.

《청백리 삼산 이태중 평전》을 펴낸 까닭은 첫째, 청렴강직한 공직자의 태도를 본받자는 의미에서다. 썩은 냄새가 이렇게 풀풀 날리는 공직 사회의 현실을 그대로 두면 우리 공동체가 견뎌낼 수가 없다.

둘째, 각 부처의 감사, 감사원, 검찰, 국회 등 각종의 기구들이 있지만 썩은 공생 관계, 공범 관계가 형성돼 있어서 이제는 예사 조치로는 부정부패를 뿌리 뽑기가 어렵다. 적당히 구호로만 그칠 것이 아니라, 좀 더 획기적인 부패 청산 작업이 필요하다. 공수처만으로는 어림없다. 삼권분립의 견제와 균형이 무의미하기 때문에 국민들이 직접 선출하는 국민 감독 기구도 검토해볼 만하다.

셋째, 모든 공직자의 재산 공개, 부패 범죄에 대한 시효 제한 폐지, 징벌적 배상 등 좀 더 강력한 억제책이 도입되어야 한다.

넷째, 모든 공직자는 5년마다 공직에 적합한지 아닌지를 따져서 재임용을 결정해야 한다. 또 열심히 국민을 위해 일한 공직자는 적극적으로 포상하고 격려해야 한다.

아무쪼록 이태중이 되살아나서 공직자의 표준이 되고 너도 나도 이태중 배우기를 따라 했으면 좋겠다.

끝으로 이 책은 아내인 심복자 박사와 함께 쓴 것인데, 한사코 공저자를 사양해서 맺음말을 쓰는 것으로 끝냈지만, 이태복·심복자 공저라는 사실을 밝혀둔다. 그리고《승정원일기》에 나타난 사직상소, 삼산공 시 몇 편과 간찰, 조명조의《서관일기》중의 글들은 호남의 저명한 한학자이신 안동교 조선대학교 교수님과 광주전남민주동지회 김상집 공동대표가 힘써 주셨기에 이 책에 실릴 수 있었다. 삼산공 학술회의를 조직한 이근호 국민대학교 교수님과 이왕무 경기대학교 교수님, 김의환 충북대학교 교수님, 토론 좌장을 맡은 송양섭 고려대학교 교수님께 충심으로 감사드린다. 또한 삼산공 이태중의 일이라면 뭐든지 거들고 해결해주었을 뿐만 아니라 단양 사인암에 까지 같이 갔던 '(사)인간의 대지' 김성환 사무처장, 이태중 관련 자료와 사진을 찾아주고 가계도를 그려준 신임수 과장을 비롯해 한국고전번역원 이정원 역사문헌번역실장님, 화순군청 심홍섭 문화재전문위원님, 신안군청 이재근 학예연구사님, 광주 5·18 윤상원기념사업회 곽동률 이사님, 진도문화원 박주언 원장님 등과 도서출판 동녘의 이건복 대표님과 정낙윤

전무님 등 많은 분들께 고맙다는 말씀을 함께 전한다.

그리고 삼상공 자료 찾기 과정에서 절실하게 느낀 것은 만약 정부가 멸실되어가는 고문헌 수집과 정리 작업에 예산과 인력을 획기적으로 배정하지 않으면 그나마 남아 있는 문헌조차 흔적 없이 사라질 수밖에 없다는 것이다.

앞으로 필자는 삼산 이태중의 길을 따라서 국민들의 힘든 생활 여건을 고치고 조국 통일의 큰 길을 개척하기 위해 힘쓰려고 한다. 2007년부터 4년간 매주 〈이태복의 새벽편지〉 250여 편을 통해 경제 살리기 등 여러 현안 문제의 해법을 제시해왔다가 10여 년간 침묵했었는데, 5대거품빼기운동과 국민석유 주식회사를 설립하고 지켜나가기 위한 일에 매진하기 위해서였다. 이제 그간의 일들을 밑거름 삼아 경제, 외교, 통일 등과 관련된 여러 문제들을 해결하기 위해 중요한 정책 과제들을 정리해서 제기하려고 한다. 그 시작을 《청백리 삼산 이태중 평전》으로 삼는다.

2019년 11월 중순
이태복

차례

머리말 · 005

1부 이태중의 유배 이야기

1장 흑산도 유배 · 015

2장 영암 유배 · 052

3장 갑산 유배 · 079

4장 의주 유배 그리고 다시 갑산 유배 · 101

5장 진도 유배 · 114

2부 영조 탕평책의 앞뒷면

1장 영조를 둘러싼 안팎의 정세 · 127

2장 경종과 영조의 약점 닮은꼴 · 135

3장 조정에 부는 피바람 · 146

4장 탕평책으로 국정 장악 노려 · 157

5장 조선의 사회문제 증폭 · 189

3부 이태중의 가문

1장 목은 이색의 후손 · 201

2장 스승 이희조와 지인들 · 228

3장 당대 선비들의 시선 · 249

4부 청백리 이태중

1장 조선의 괴물이냐 천하의 군자냐 · 273

2장 청백리의 뜻 · 279

3장 이태중의 청렴 강직 · 285

맺음말 · 319

미주 · 328

1부
이태중의 유배 이야기

흑산도 유배

영조의 탕평책 문제 제기하자 군부 업신여겼다며
흑산도에 '위리안치' 명령

영조(1694~1776)는 1735년(영조 11년)에 자신의 탕평책에 문
제를 지적한 사헌부지평 이태중(李台重, 1694~1756)을 밤에 홀
로 부른다.* 때는 4월 25일 을축일**이다.

　이태중이 맡은 지평(持平)***이라는 직책은 사헌부의 기간요

---

* 　야대(夜對). 왕이 밤중에 신하를 불러 경서나 사기에 적힌 '나라 다스리는
　방법'에 대해 강론(講論)을 펼치게 하는 일을 이르던 말. 정언 홍계유의 상
　소에는 이날 야대의 자리가 있었다고 밝히고 있다.
** 　본문에 나오는 날짜는 모두 음력 표기이다.
*** 지평은 사헌부 소속으로, 2명이다. 태조 때 잡단(雜端)이었다가 1401년(태
　종 1년) 지평으로 바뀌었다. 이것이 그대로 《경국대전》에 법제화되었다.

원으로 정5품이다. 사헌부의 직무는 백관의 비위 사실에 대한 탄핵감찰권과 일반 범죄에 대한 검찰권을 행사하는 동시에 불복공소(不服控訴)에 대한 고등법원으로서의 역할까지 겸하였다. 또한 왕지(王旨)를 받아 법률을 집행하는 법사로서의 기능뿐만 아니라 인사와 법률 개편의 동의 및 거부권 행사라고 할 수 있는 서경권(署經權) 등 국정 전반에 걸쳐 힘이 미치지 않는 곳이 없었다. 이런 사헌부의 기간요원인 지평이기에, 그 책무가 매우 막중해 소신을 굽히지 않고 직언할 수 있는 강직한 젊은 엘리트들이 주로 임명되었다. 대다수가 승문원·성균관·홍문관 등을 거친 자이거나 문과에 장원 급제한 자를 직배(直拜)해 임명했다.

이태중이 봄에 암행어사를 사직하자, 의금부로 잡아와서 취임을 명령했지만 거부하자, 다시 사헌부의 지평으로 임명한 것이다. 그래도 응하지 않고 이태중이 4월 24일 갑자일에 상소를 올리니 영조가 다음 날 이태중을 부른 것이다. 이태중이 올린 상소 때문이었다. 지평 이태중이 '궁액과 척친들에 의한 참소의 폐단'에 대해 올린 상소의 일부분은 다음과 같다.

임금의 도리가 엄하지 아니하여 의리가 점차 어두워져서, 궁액(宮掖)과 가까운 척친이 우매한 사건을 벗어나지 못하며, 충신의 원통함이 밝혀지지 못하여 참소하는 말들이 함부로 나돌아, 선대 왕조의 원로들이 아직도 단서(丹書)의 죄적(罪籍)에 있습니다. 죄를 다스림이 느슨하여 법망에서 빠져나간 자가 수두룩하며, 음양이 서로 뒤섞이어 이익을 추구하는 데에 몰두하니, 이것이 금일에 나라의 형세가 위태롭고 세도(世道)가 퇴폐해지는 원인입니다.[1]

4월 25일 을축일 밤에 대기하던 이태중에게 영조가 묻는다.

"네가 지칭한 궁액과 가까운 척친과 원로란 누구를 말하는 것이냐?"
"가까운 척친은 서덕수(徐德修)*이며, 원로는 바로 4신(四臣)**을 말합니다."

영조는 성난 목소리로

"을사년*** 이후에 조정의 신하 가운데 서덕수의 억울함을

---

* 서덕수(1694~?)는 영조의 장인 집안 인물로, 영조의 정비 정성왕후 서씨의 조카. 서씨의 오빠 서명백의 아들이다.
** 영의정 김창집, 좌의정 이건명, 영중추부사 이이명, 판중추부사 조태채 등 사대신.
*** 1725년(영조 원년).

선정전*

말하는 자가 없었는데, 네가 어찌 감히 그를 신원(伸寃)**하
고자 하는가"

"곤궁(坤宮)을 국모로 섬기면서 서덕수를 반역의 죄안(罪案)
에 두게 된다면, 어찌 신자(臣子)가 감히 마음이 편안할 수가
있겠습니까?"

"네가 감히 아비와 어미 사이를 상하게 하려는가?《감란록》***

● 임금이 사무를 보는 공간. 민생을 위한 사안에 대해 회의했던 곳이다. 이곳
　으로 이태중을 밤에 불렀다.

●● 어떤 사람이 다른 사람의 원통한 일이나 누명을 풀어준다는 뜻.

●●● 1728년 이인좌의 난의 전말에 관한 자료를 발췌해 1729년에 간행한 역사
　서. 영조는 난이 평정된 뒤 정석삼·이광좌·조문명 등의 주장에 따라 좌의

의 서문을 보지 아니하였는가?"

이태중이 임인년 옥사가 무고였다는 사실을 말하려고 했으나, 영조는 질책하며 이를 중지시키면서,

"신축년, 임인년의 옥사*는 모두 너희들이 만든 것인데, 내가 어찌 알겠느냐? 두 신하가 이미 복관되었는데, 네가 어찌하여 4신이라고 일컫는가?"
"4신이 처음에 죄안이 같았는데도 김창집(金昌集)과 이이명(李頤命)은 아직 죄적에 있고, 이미 복관된 자도 아직 시호를 회복하지 못하였기 때문에 같이 일컬어 4신이라 일컬었던 것입니다."[2]

정 조태억에게 책의 편찬을 주관하게 했고, 송인명·박사수가 편집해 간행했다. 조현명이 쓴 영조의 어제서문(御製序文)에는 이 사건의 원인이 붕당이며, 이와 같은 변란의 재발을 막기 위해 이 책을 편찬한다고 명시했다. 이인좌의 난이 신임사화의 후유증으로 일어났다고 본 것이다.

• 신임옥사(辛壬獄事). 1721년에 있었던 신축옥사(辛丑獄事)와 1722년에 있었던 임인옥사(壬寅獄事)를 합쳐서 부르는 명칭. 경종이 몸이 허약하고 아들이 없자, 경종의 동생 연잉군(영조)의 왕세제 책봉 문제로 소론과 노론이 충돌한 사건이다. 영의정 김창집, 좌의정 이건명, 영중추부사 이이명, 판중추부사 조태채 등 노론 사대신은 경종의 병을 이유로 연잉군에게 왕세제의 대리청정을 시켜야 한다고 주장했다. 경종이 이를 승인했으나 소론파의 조태구·유봉휘 등이 부당성을 상소함에 따라 대리청정이 취소되었다. 소론은 이 문제를 노론의 경종에 대한 '불충'으로 몰아 노론을 탄핵했고, 노론의 사대신 김창집·이이명·이건명·조태채 등이 사형을 당했다.

노론의 지도자였던 노론 사대신(왼쪽 위부터 시계 방향으로 김
창집, 이이명, 이건명, 조태채)

"나를 섬길 마음이 있었다면 어찌 감히 이와 같이 하겠는
가? 너 같은 자는 임금도 무시하는 사람이고, 김창집과 서
덕수를 아비로 여기는 자라고 할 수가 있으니 마땅히 너의
머리를 장안 거리에 매달아야 하겠다."

영조가 격노해 목을 치겠다며 꾸짖었다. 당론으로 몰면 대
개 처벌받을 것 같아서 신하들은 입을 다물게 마련이지만, 이

태중은 간연(侃然)히 나아가 아뢰었다.

"부월(斧鉞)과 탕확(湯鑊)°도 신은 감히 도피하지 아니하옵
니다. 다만 김창집의 일은 큽니다. 무릇 대사를 위태롭고 의
심스러울 즈음에 당할 경우에는 흔히 거짓을 꾸며 이간하는
화를 입게 되는 것입니다. 이러므로 옛사람이 말하기를 '비
록 수서(手書)가 있다 할지라도 또한 믿을 수 없다'라고 하는
것은 참으로 경험이 있는 말입니다."³

"그만하라. 너를 처분하는 것은 종이 한 장이면 족하다. 불
러서 보는 것은 네가 일찍이 한림의 단천(單薦)에 들었기 때
문에 어떠한 사람임을 알고자 함이니라. 군부를 능멸하여
당론을 위하는 것은 곧 관작(官爵)을 위함이로다."

"신은 등과하온 지 지금 6년입니다. 만약 서울에 거주하면
서 관직을 맡아 상의에 영합(迎合)을 하였더라면 무엇을 얻
지 못하였겠습니까. 지금 친척도 아니요, 친구도 아닌 이미
백골이 된 김창집을 위하여 천노를 촉범하였습니다. 이것이
관작을 얻고자 하는 계책이겠습니까. 신은 당론을 위할 줄
도 모르옵고, 다만 군부가 있음을 알기 때문에 군부 앞에 진
언(眞言)할 따름이옵니다."

• 도끼와 끓는 물.

그러자 영조가 목소리를 높인다.

"네가 어찌 감히 이를 다시 말하는가. 네가 너의 숙부 이병
상(李秉常)°이 벼슬살이하지 않는 것을 본받으려 하는가?"
"전하께서 저의 상소를 갑자기 당론이라고 의심하시니 죽더
라도 눈을 감지 못하겠습니다."

이때 이태중의 나이가 42세이다. 영조와 동갑이었다.

네가 눈을 감지 못하는 것이 나와 무슨 관계가 있다는 것이
냐? 이태중은 군부를 업신여기며 역신을 두둔하였다. 그의
관직을 체차(遞差)시키고 흑산도에 위리안치시키되, 길을
갑절이나 빨리하여 유배 보내도록 하라.[4]

영조는 이태중을 절해고도 흑산도에 위리안치형°°으로 유
배를 보내고 유배길도 절반으로 줄여 압송하라고 명령을 내린
것이다.

• 이병상(1676~1748)은 형조판서, 광주목사, 예조판서, 대제학, 도승지 등에
임명되었어도 사직상소를 내고 출사하지 않았다. 청렴 강직하고 지극히 검
소했다고 알려진다.
•• 위리안치(圍籬安置)는 중죄인에 대한 유배형 중의 하나로, 죄인이 달아나지
못하도록 집 둘레에 가시가 많은 탱자나무를 돌리고 그 안에 사람을 가두
는 유배형을 말한다.

유배형 중 가장 중죄형인 '위리안치형'

조선 시대의 유배형에는 정배(定配), 도(徒), 충군(充軍), 위노(爲奴) 등이 있었다. 정배는 일정한 지역을 정해 유배를 시키는 형으로, 부처(付處)와 안치(安置)가 있다. 부처는 유배에 처분하면서 노역 등을 시키지 않고 자기 본향에 가거나 개인의 농장에 보내거나 유배자가 원하는 곳으로 보내는 경우도 있고, 먼 섬으로 보내기도 했다.

이에 비해 안치는 한곳에 가둬 다른 곳으로 이동하거나 타인과의 접촉을 금지하는 유형으로, 유배지는 본향, 섬, 농장 등 다양했는데 죄의 경중에 따라 처분이 달랐다. 안치형 가운데 가장 무거운 중죄인에게 집행하는 유형이 위리안치이다. 다른 안치는 부처형과 같은 집행인 데 비해 위리안치는 달랐다.

우선 유배인의 집 주위에는 높다란 나무 울타리를 쌓아 막아두고, 문에 자물쇠를 채워둔 후 바깥 둘레에는 탱자나무 등으로 가시울타리를 쳤다. 이중막을 설치한 것이다. 높은 울타리 탓에 대낮에도 햇볕이 들지 않아 어둠침침한 마당에 서서 위를 쳐다보면 동그란 하늘만 보였다고 한다.* 가시나무 울타

---

* 인조반정으로 광해군과 그의 아들 폐세자인 이지(1958~1623)도 1623년 3월 23일 강화도에 위리안치되는데, 위리안치된 공간이 너무 숨이 막혀서 이지는 매일 가위와 인두로 땅굴을 파기 시작해 5월 22일 70여 척을 파고

《사법제도연혁도보》에 실린 '위리안치'된 유배인. 가시울타리를 두른 집에서 허망한 표정의 유배인 모습이 애처롭다.

흑산도에 전시된 위리안치형 가옥. 높다란 울타리와 가시나무 울타리가 제외되어 있어서 실제 위리안치형 가옥의 모습과는 다르다.

리 바로 앞에는 수직소를 두어 유배인을 감시했다. 음식이나 물은 문 옆에 작은 구멍을 내어 그곳을 통해 전달했는데, 음식은 매일 주는 것이 아니라 며칠에 한 번씩 전해주었고, 마당에 우물을 파서 물을 스스로 충당하도록 하기도 했다. 뿐만 아니라 위리안치형을 받은 사람들은 유배지에서 사사당하는 경우도 많기 때문에 발자국 소리만 들려도 불안에 떠는 경우가 많았다.

이태중은 철저하게 육신을 통제당하고 감시받고 생명이 위협당하는 고통의 형벌을 12개월 동안* 받게 된다.

추천자도 삭탈 명령 ······ 상소 잇따르자 언관 또 유배

뿐만 아니라 영조는 이태중을 추천한 관료까지도 관직에서 내쫓았다.[5]

탈출했지만 배를 구할 길이 없어서 결국 포졸에게 체포되었다. 그로부터 두 달 후인 7월 22일 스스로 목을 매어 자진하라는 인조의 명이 떨어져 목숨을 잃게 된다. 그만큼 위리안치형은 육체적·정신적으로 매우 무서운 형벌이었다.

• 1735년에는 윤달이 4월에 있어서 4월 25일부터 윤4월을 거쳐 1736년 3월 17일에 위리안치에서 벗어나는 어명을 받고 3월 18일 영암으로 이배되므로, 만 12개월 있었다.

또 감히 이 일을 가지고 기회를 보아서 논쟁의 단서를 일으킨다면 용서하지 않겠다. 그리고 이태중을 한림에 추천한 조명리(趙明履)를 삭탈하라.

이태중을 지평으로 추천한 조명리까지 관직에서 내쫓은 것은 자신의 결정에 이의를 제기하는 간관의 언로를 막겠다는 영조의 의지이고, 이를 막지 않으면 앞으로 상소가 계속돼 자신이 뜻한 대로 국정 장악이 어려워질 수 있다는 판단이 작용한 것이었다.

그런데 영조의 이런 가혹한 조치는 또 시비가 되었다. 이번에는 사간원의 정언 홍계유(洪啓裕, 1695~1742)•가 영조의 이태중 유배 지시에 항의, 상소를 올린 것이다.[6]

이태중은 초야 출신의 신진(新進)으로서, 마음에 품은 바를 숨기지 아니하고 말하였으니, 비록 나라의 금법에 저촉되었다고 하더라도 처음부터 사사로운 이해관계가 있는 것은 아

• 홍계유는 1732년(영조 8년) 성균관의 제술 시험에서 수석을 차지했고, 1733년 식년문과 을과에 급제한 뒤 1734년에는 정언(正言)에 올랐지만 대신 신만(申晩)을 신구(伸救)한 이유로 파직되었다. 1735년 초 정언으로 복귀했으나 이태중의 대론(臺論)의 문제로 다시 진도군에 귀양 갔다가 1737년 부수찬에 등용되었으며, 1738년에는 교리에 제수되었다.

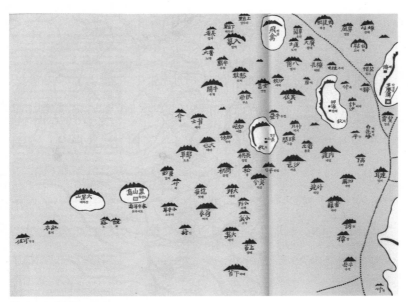

흑산도의 옛 지도(《대동여지도》)

니었었는데, 야대의 자리가 겨우 파하자마자 엄한 명령을 갑자기 내렸습니다. 더구나 흑산도는 험난한 바다와 악독한 장기(瘴氣)*가 다른 정배지보다 가장 심한데, 이태중으로 하여금 귀양 가서 돌아오지 못하게 되면 후대의 사서에 반드시 전하께서 언관(言官)을 쫓아내어 죽였다고 할 것이니 커다란 누가 될 것입니다. 또 그를 주천(主薦)한 사람의 관직을 삭탈한다면 갑의 죄를 을에게 옮겨 씌우는 것과 거의 같습니다.

• 습하고 더운 땅에서 생기는 독기. 일명 풍토병.

평온한 마음으로 천천히 강구하고 어명을 거두소서.

홍계유는 흑산도 유배는 죽으라는 얘기와 같다고 판단한 것이다. 가는 길도 험난한 바다라 위험하고, 여러 가지 풍토병에 걸릴 것을 우려했다. 그러자 이번에는 야대 방식이 아닌, 대론(臺論)*을 해 상소를 올린 홍계유를 진도에 위리안치시키고 갑절이나 빨리 보내라고 지시했다.[7] 조명리의 삭탈관직에 이어 홍계유의 진도 유배가 이어지면서 사간원 언관들이 줄초상을 당하고 만 것이다.

'사람이 살 수 없는' 절해고도 흑산도

흑산도는 현재 행정구역상 전라남도 신안군 흑산면이다. 50제곱킬로미터 면적에 2368여 세대, 4700여 명이 거주하는 제법 큰 섬이고, 해상 국립공원 지역으로 지정돼 절해의 고도이면서 매우 아름다운 경관을 자랑한다. 짙푸르러 검게 보인다고 해서 붙여진 지명이 '흑산'이다.

흑산도는 신라 시대에는 월산군에 속했으나 조선 시대인

• 사헌부, 사간원에서 하는 탄핵을 이르던 말.

1678년(숙종 4년)에 흑산진이 설치되면서 나주목에 속했다. 장보고 시절에는 대륙 교역의 중간 기착지로 명성을 쌓았고, 고려 시대에도 항구로서의 효용이 널리 알려졌지만, 조선 시대에는 사람이 살 수 없는 절해고도로 인식되었다. 뱃길이 멀고 험난한 탓도 있지만, 조선 정부의 공도(空島) 정책의 영향이 컸다. 고려 말 왜구의 노략질에 대처한다는 구실로 조선조에 들어와서는 연안의 섬에 사람이 살지 않게 하는 정책을 고수했기 때문이다. 이에 따라 어업이 금지되고 해상 교역길이 가로막혀 사람들의 머릿속에서 흑산도를 비롯한 섬에 대한 관심이 사라졌던 것이다.

60여 호의 민가가 존재했다고 1771년 김약행의 보고[8]가 있는 것으로 볼 때, 36년 전인 1735년 이태중이 유배 갔던 시기에도 비슷한 인구이거나 그보다 적은 인구가 행관 주변에 살고 있었던 것으로 볼 수 있다. 섬 전체로는 200여 호가 넘지 않았을 것이다. 그래서 흑산도는 오랫동안 제주도, 진도와 달리 유배지로서 거론되지도 않았다.

흑산도는 험난한 바다와 악독한 장기가 다른 정배지보다 가장 심한 곳이고 흑산도는 사람이 살 곳이 아닌데 어떻게 유배를 보내겠느냐.

홍계유가 흑산도 유배를 반대했던 이유와 마찬가지로,《조선왕조실록》에는 숙종과 영조도 유배 보낼 곳이 못 된다고 언급한 것으로 기록돼 있다.

그래서 각 도의 관찰사가 임의로 유배지로 정할 수 없는 곳으로 추자도, 제주도와 함께 흑산도가 꼽혔다. 광해군 시절의 절도 유배지는 제주, 진도, 거제, 남해로 한정돼 있었다. 이렇게 흑산도는 최고 권력자의 눈으로 볼 때도 유배지로서 적합하지 않다고 해 흑산도 귀양을 금지하는 조치를 취하기도 했다.

그러나 숙종 때부터 흑산도에 유배를 보내기 시작해 영조 시대에는 죽이고 싶지만, 죽일 명분이 없어 죽이지 못하는 신하들을 사지로 몰아넣는 유배지로 이용했다.

'죽이고 싶지만 죽이지 못하는' 선비 유배지로 이용

특히 영조는 즉위 초에는 흑산도 정배에 대한 조치가 지켜지지 않았음을 개탄하기도 했다.

> 왕의 특별한 교지가 없으면 흑산도에 유배 보내지 말라
> [1726년(영조 2년)].
> 관수°가 없는 절도에는 죄인을 유배 보내지 못한다[1728년

(영조 4년)].

대흑산·소흑산 등 이들 섬에 유배하지 말라. 즉위 초에 이미
법으로 정하여 명령하였는데, 지켜지지 않았다니 놀라운 일
이다[1768년(영조 44년)].

하지만 영조는 탕평책을 내세워 왕권 강화를 추진하면서 자
신의 정국 운용에 장애가 되는 인물이나 강직한 선비들의 비
판론을 제압하기 위해 절도 유배를 적극 이용한다.

제주도는 가는 길이 멀고도 험하지만, 생활환경이 극도로
열악하지는 않았다. 그러나 제주도에 부속된 작은 섬들은 물
자도 궁핍하고, 생활환경도 극도로 열악해 섬 생활이 익숙하
지 않은 유배인의 삶을 옥죄이기에 충분했다. 특히 땅도 넓지
않고, 육지에서 멀리 떨어진 흑산도, 추자도 등과 같은 절도는
유배지 가운데서도 최악의 곳으로 여겨졌다.

조선조에 들어와 흑산도 유배를 당한 사람들은 《조선왕조
실록》에 따르면, 이태중 이전에는 숙종 때 사간원 이이명이고,
경종 때는 부제학 홍계적이 위리안치되었다. 이들은 임금의
정책을 비판했다는 이유로 유배를 당했는데, 홍계적은 1721년
경종 1년에 중죄인에 적용하는 위리안치형을 받았다. 그 후 14

• 지역을 맡아 지키는 관리.

절도 정배지의 경중 구분

구분	중(重)	중간	경(輕)
절도 정배 지명	대정, 정의, 제주°, 흑산, 추자°° 삼수, 갑산°°°	거제, 고금도, 고돌산, 금갑도, 나로도, 남해, 녹도, 백령도, 사도, 신지도, 여도, 옥구고군산, 위도, 임자도, 지도, 진도, 출산도, 파지도	강화도, 교동

년 만에 이태중이 위리안치형을 받게 된 것이다.

실제로 이태중이 거처했던 흑산도의 위리안치형 가옥은 홍계적이 살았던 집이었을 가능성이 높다. 《조선왕조실록》에 홍계적 이후 흑산도 위리안치형은 이태중뿐이기 때문이다.

탕평책의 공정성 비판하자, 당객으로 몰아 유배형

그러면, 이태중은 무엇 때문에 영조에게 '죽이고 싶지만, 죽이

• 대정(현), 정의(현), 제주(목)는 모두 제주도에 있는 고을이다. 특히 대정은 1840년 추사 김정희가 유배되어온 곳이기도 하다.
•• 최악의 유배지로 흑산도와 추자도를 꼽는 이유는 절해고도와 태풍 피해 때문이다. 또 농사가 곤란하고, 뱀과 벌레가 득실거린다는 이유도 있었다.
••• 최악의 유배지로 삼수, 갑산이 꼽히는 이유는 겨울철 평균기온이 −20℃ 이하이고, 농사가 곤란하며, 호랑이와 승냥이 등의 맹수가 많다는 점을 들었다.

지 못하는' 신분이 되었는가.

　　이태중은 군부(君父)를 업신여기며 역신을 두둔하였다. 그
의 말이 옳다면, 임금의 하교는 저절로 남을 무고하는 결과
로 돌아갈 것이요, 임금의 하교가 옳다면 그의 상소는 저절
로 멸시하는 결과로 돌아갈 것이니, 비록 대불경의 형률을
그에게 적용한다고 하더라도 또한 법률이 가볍다고 할 것이
다.《감란록》의 서문을 지은 뒤에는 조정의 신하들이 감히
그들을 구해주거나 풀어줄 생각을 하지 못했으며, 지난날 하
교할 때에 내가 한마디의 말도 서덕수에게 미친 바가 없었는
데, 그가 무슨 심장으로써 감히 '우매하다'는 따위의 말을
제 마음대로 상소에 삽입할 수 있겠는가? 그가 비록 난적(亂
賊)을 군부처럼 본다고 하더라도 의릉(懿陵)*의 상설(象設)을
바라다보고 시군(時君)의 부월(斧鉞)을 두려워했다면 어찌
감히 이와 같을 수가 있겠는가? 이 상소는 바로 그의 결안이
니, 마땅히 나라의 형벌을 바루어서 당류를 보호하기를 달
갑게 여기는 자들로 하여금 태아(太阿)가 위에 있다는 사실
을 알게 해야 한다. 그가 비록 무상하더라도 그 관직은 대각
(臺閣)이며, 더구나 큰 사유(赦宥)를 당하여 마땅히 죄의 등

---

* 경종과 그 계비인 선의왕후의 능.

급을 감하는 은혜를 베풀어야 하겠다. 먼저 그 관직을 체차시키고 흑산도에 위리안치시키되, 길을 갑절이나 빨리하여 유배를 보내도록 하라. 지금의 처분은 너무 너그럽다고 하겠으니 조정에서 복면하는 자들은 누가 감히 그를 구해서 풀어주겠는가? 마땅히 반역자를 보호한 형률을 적용할 것이요, 또 감히 이 일을 가지고 만약에 기회를 보아서 논쟁의 단서를 일으킨다면, 내가 어찌 임금을 돕고 그를 억제한다고 하여 용서하겠는가? 모두 모름지기 이 사실을 자세히 알도록 하라.[9]

영조는 이태중의 목을 장안에 효시하고 싶었지만, 죄의 등급을 감해 흑산도로 위리안치시키는 너그러움을 보였으니, 아무도 이에 토를 달지 말라고 언명을 한 것이다.

경연, 정론에서 영조 후회, 실수 인정

하지만, 이태중을 유배 보낸 이후, 왕실 경연과 정론에서는 끊임없이 이태중의 문제가 거론되었다. 좌의정 서명균(徐命均)은 이태중이 '김창집을 아비로 여긴다'는 하교는 왕언으로서 체모가 서지 않는다고 경계하는 말을 누누이 올렸다. 특진관 이

인정전[*]

덕수(李德壽)는 임금의 눈이 휘둥그레지도록 이태중을 대하던
왕의 실수를 책했고, 이에 대해 영조도 후회스러워진다고 인
정했다.

"마음은 다스림이 나오는 근본이요, 배움은 마음을 다스리
는 요체입니다. 보건대, 가만히 사령(辭令)이 오가는 사이에
몸소 실행하는 공효가 없음을 경험할 수 있습니다. 지난번

---

* 영조가 교지를 내리던 곳이다.

에 이태중을 접했을 때에 사령에서 실수한 것이 많았으니 신
은 사사로이 이를 애석하게 여깁니다."

"이것이 나의 병통(病痛)이니, 일이 지나간 후에는 문득 후
회스러워진다."[10]

또한 지평 이석표(李錫杓)도 상소를 올려 임금의 8가지 결
점과 시폐(時弊)를 극언하면서 이태중과 관련된 부분을 지적
한다.

다섯째, 언로를 넓히고 선비의 기풍을 장려해야 합니다. 대
각에서 입을 다물고 묵묵히 말을 하지 않는 폐단은 군상께서
간언을 채용하지 아니하는 데에서 비롯되는 것입니다. 이태
중의 상소에 대하여 큰소리로 꾸짖은 것은 온전히 그 체모를
잃어버린 것입니다.[11]

끓는 물도 도끼도 두렵지 않습니다

이태중은 홍주목 결성현 삼산리(현 보령시 천북면 신죽리)에서
1694년(숙종 20년)에 아버지 이병철(李秉哲, 1674~1711)과 어머
니(이조판서 박태상의 딸)의 둘째 아들로 출생했다. 풍고 김조순

(金祖淳)*은 이태중에 대해 '눈썹과 눈이 청수하고 풍채와 모습이 준엄 단정했고 타고난 천성이 영특하였다'고 기록했다.

　이태중이 17세 때인 1711년, 37세인 아버지 이병철이 갑작스런 병환으로 돌아가시자 삼년상을 치른다. 그 후 1717년에 사마시에 합격해 진사가 됐으나 스승 대사헌 이희조(李喜朝, 1655~1724)** 등이 유배당하고 숙부였던 이병상(1676~1748)*** 이 파직당하는 등 환난이 잇따르자 과거를 그만두고 처사로 살고자 했다. 그런데 여성 군자라는 평을 들었던 어머니가 1727년(영조 3년)에 돌아가셨다. 삼년상이 끝나자, 스승과 문중의 독려로 36세 때인 1730년(영조 6년)에 4촌인 이덕중(李德重, 1702~1748)****과 함께 문과에 급제한다. 같은 고을에 살았던

●　　김조순(1765~1832), 안동 김씨. 정조의 장인. 시문집《풍고집(楓皐集)》이 있으며, 문장으로 유명했다.

●●　　본관은 연안(延安), 호는 지촌(芝村). 부제학 이단상(李端相)의 아들이며, 송시열의 문인이다. 1717년 대사헌, 1718년 이조참판을 지내고 1719년 다시 대사헌이 되었다. 그러나 1721년(경종 1년) 신임사화로 김창집 등 사대신이 유배당할 때 영암으로 유배되었고, 철산으로 이배 도중 죽었다. 저서로는《지촌집(芝村集)》32권이 있다.

●●●　형조판서, 광주목사, 공조판서를 역임한 문신. 이제의 증손으로 아버지는 이항이다. 성품이 활달하고 지조가 있었으나 몸가짐이 검소해 고관직에 있어서도 한사(寒士)와 같았다고 한다.

●●●●이덕중은 이병겸(李秉謙)의 아들로, 이태중과는 고조할아버지가 같다. 고조할아버지 이제(李穧)는 이정기·이정룡을 낳았는데, 이태중은 이정기손이고, 이덕중은 이정룡손이다. 1730년(영조 6년) 이태중과 같이 병과로 급

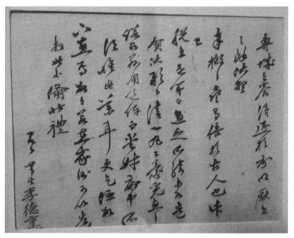

이덕중의 간찰(필자 소장)

숙부 이병상이 이조판서, 대제학, 도승지 등에 임명돼도 사직
상소를 내고 나아가지 않는 문중의 환경이 작용해서 이태중은
사간원의 정언이나 암행어사 등의 추천이 있었으나 벼슬길에
나가지 않았다.

그러던 중 40세 때인 1734년(영조 10년)에 대신들이 연명으
로 6품의 사간원정언으로 추천하자, 할 수 없이 벼슬길에 나아

제해, 여러 차례 사간원정언과 사헌부지평을 역임했다. 그 뒤 홍문관부교
리·사간원헌납을 거쳐, 1739년 밀양군 이완이 청나라에 갈 때 서장관으
로 이완을 수행했다. 비교적 순탄한 길을 걸어 승지·홍문관부제학·대사
간·이조참의 등의 요직을 두루 역임했다. 또 1739년 정언 홍계희의 소가
못마땅하다 해 영조가 해남에 유배시키려 하자, 그 부당함을 간하다가 영
조의 노여움을 사서 진도에 유배될 뻔한 적이 있다.

가자 곧바로 사헌부지평으로 일한다. 사헌부는 관료들의 크고 작은 범죄를 감독하고 임금과 대신들의 정국 운영에 대해 비판과 견제의 역할을 해야 하는 자리인데, 지평은 실무 책임자인 청요직이다.

> 끓는 물도, 도끼도 두렵지 않습니다. 다만 임금의 덕이 바르게 펼치지 못하는 일이 안타까울 따름입니다.[12]

그렇기에 이태중은 영조에게 간언함을 마다하지 않았다.
탕평책의 공정한 실시를 주장했고, 벼슬을 받아들이지 않고 계속 미루어, 유배와 벼슬을 함께 받기도 했다. 영조의 탕평책을 비롯한 영조 시대의 정치 사회 경제 현실에 대해서는 2부에서 자세히 다루기로 한다.

"절반으로 줄여 도착하라"는 어명
흑산도, 13일 소요…… 6일 반 만에 달려야

당시에는 유배형이 내려지면 유배지까지 도착하는 기일이 정해져 있었다. 《경국대전》과 《속대전》에 기록된 유배형은 2천 리, 2천5백 리, 3천 리 세 종류로 그 거리가 나뉘었다.

그런데 한양에서 3천 리가 되는 땅은 조선 천지에 없다. 한양에서 가장 멀다는 함경도 경원부가 1680리에 지나지 않는다. 이는《경국대전》과《속대전》이 중국의 명률(明律)에 따라 만들어졌기 때문인데, 명나라의 땅덩어리 규모에 따른 분류인데도 조선은 이 규정을 그대로 모방했다. 그래서 '유 3천 리', '유 2천5백 리', '유 2천 리' 등 유배 등급지의 기준을 만들어놓고 있다.•

이런 내용을 기록한 문서는《의금부노정기(義禁府路程記)》와《경국대전》이다. 이 문서에 따르면 말을 타고 갈 경우 하루 70리, 나귀를 타고 가면 50리, 마차로 가면 30리로 규정하고 있는데, 지형적인 특성도 감안하고 있었다.《의금부노정기》에는 흑산도까지 가는 일정은 기록돼 있지 않은데, 진도까지 일정이 12일 반, 제주도가 13일로 되어 있는 것으로 볼 때 흑산도는 진도보다 바닷길이 훨씬 멀었기 때문에 제주도와 같은 13일 이상이었을 것이다.

하지만 이태중의 경우는 영조가 특별히 도착 일정을 "절반으로 줄여 도착하라"고 엄명을 내렸기 때문에 6일 반 만에 흑산도에 도착해야 했다. 잠은 고사하고 쉴 틈도 없이 밤낮을 쉬

• 세종 때에는 '유 2천 리'는 거주지로부터 6백 리 밖 고을, '유 3천 리'는 9백 리 밖 해변 고을로 실제적으로 조정해서 사용하기도 했다.

지 않고 달려도 어려운 길이었다. 나주목까지는 말을 달려온다 해도 바닷길은 아무 때나 갈 수 있는 게 아니지 않는가? 기막힌 유배길이었던 것이다.

의금부도사가 직접 압송…… 쇠사슬, 족쇄도 채워

그러면 이태중은 유배길을 어떻게 갔을까? 그냥 말을 타고 나졸들이 따라갔을까?

일반적으로 죄수들은 쇠사슬을 채우고 중죄인 경우에는 칼을 목에 씌우고 족쇄를 채웠다. 왕의 친척이나 공신, 당상관, 양반의 부녀자는 중죄를 지었을 때 목에 쇠사슬을 채웠고, 당하관이나 서인의 부녀자는 쇠사슬, 족쇄를 채웠다. 그러면, 누가 압송하는 역할을 맡는가? 정2품 이상은 의금부의 도사, 당상관은 서리, 당하관은 나장, 일반 백성들은 각 역의 역졸들이 압송했다.

이태중의 경우 당시 사헌부지평으로서 정5품의 대간(臺諫)이라는 신하였지만, 위리안치된 중죄인이므로 의금부도사가 직접 압송하게 되어 있었다. 그러니 당연히 쇠사슬과 족쇄도 채웠을 것이다.

유배 일정은 보통 유배를 가는 이의 관직이나 명성 등에 의해 많은 융통성이 있었던 것 같다. 토정 이지함의 제자였던 조헌의 경우 함경도 길주로 유배되었는데, 5월 8일에 출발해 길주 밑의 단천에 도착한 기일이 6월 17일로 되어 있다. 단천까지 공식 유배 일정은 25일인데 40여 일이 되어 도착했으니 15일이나 지체되었다.[13] 면암 최익현도 흑산도로 유배당해 1876년 1월 24일에 출발했는데, 2월 10일에 무안 다경포 항구에 도착하고 2월 16일에 소흑산도로 불리는 우이도의 배소에 안치되었다. 10여 일 이상이나 늦었다.

이런 사실로 볼 때 일정하게 융통성이 있었던 것은 분명하지만, 이태중처럼 영조의 분노를 사서 유배당해 가는 길은 예외였을 것이다.

유배 비용은 자부담…… 문중이 십시일반 도왔을 터

또 하나 유배 일정을 살펴보는 데에 고려해야 할 것이 경비 문제다. 도착해야 할 기일이 다른 유배자의 절반이었으므로 말을 타고 갈 수밖에 없었을 것이다. 갑작스럽게 말을 구하고 갈아탈 말과 말먹이나 식사 비용 등도 가볍지 않았고 숙식도 문제였을 터인데, 유배 비용은 전적으로 자부담이었다. 정확히 어느 정도의 비용이 들었는지 알 수 없다. 넉넉지 않은 문중 형편으로 볼 때 경비 조달을 위해 문중 형제들이 부산하게 움직

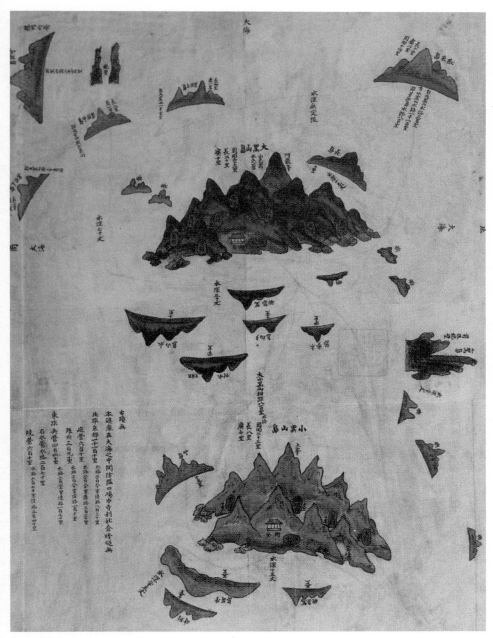

나주목 흑산도(규장각 한국학연구원 소장)

였을 것이다.

보통 의금부의 도사나 나졸들은 각 고을을 지날 때 그 고을의 수령들이 음식을 주거나 여비를 보태는 것이 관행이었지만, 이태중이 어떻게 처신했는지는 알 수가 없다.

유배 배소, 우이도보다 흑산도 진리일 가능성 커

각 도의 관찰사는 유배자가 도착하면 이름, 죄명, 도착 일시 등을 기록해 형조에 보고할 의무가 있었다. 흑산도는 전라감영 관하의 나주목 소속이었다. 나주 목사는 이런 내용을 기록해 고신(告身)했을 것이다.

흑산도에는 소흑산도라고 불린 우이도가 있다. 정조 이후에 정약전이나 최익현 등이 처음에는 우이도에서 유배 생활을 하다가 대흑산에서도 유배 생활을 했다는 기록이 있는 것으로 볼 때 우이도에 배소가 있었을 가능성이 있다. 또 사헌부정언이었던 김약행(金若行)도 이태중의 유배보다 34년 후인 1768년에 흑산도에 유배당했는데, 그는 우이도에서 유배 생활을 했다. 우이도는 흑산도와 38킬로미터, 목포와는 64.9킬로미터 떨어져 있다.

우이도 배소 문제는 유배인과 거주지를 관할하는 수군 진

(鎭)의 설치와 병사들의 존재가 중요하다. 기록에는 1676년에 우이도와 흑산도에 군영을 설치하고 "경험이 많고 훈련에 능한 인물을 배치했다"[14]고 되어 있고, 이 수군 진에는 종5품의 무관별장 1인, 군관 2인, 리(吏) 1인, 지인(知印) 2인, 사령(使令) 2인이 배치되어 있었다. 그리고 전라우수영에 속해 있다.[15]

이런 정황으로 볼 때, 이태중도 우이도에 들렀을 가능성을 배제할 수는 없다. 다만 우이도와 대흑산도 모두 전라우도 수군의 진이 업무를 보는 행관이 있었지만, 우이도보다 흑산도 진리가 더 컸고, 이태중은 정약전, 최익현, 김약행과 다르게 위리안치형을 받았기 때문에 조금 더 큰 흑산도 진리로 불리는 수군 진 근처에 배소가 있었을 가능성이 높다. 왜냐하면 중죄인의 경우 정기적으로 점검하고 문을 지키는 자를 두게 되어 있어서 수군 진의 병사들을 활용해야 했기 때문이다. 당시 수군 진에는 별장(別將)이 책임자였다.

따라서 이태중은 나주의 다경포*에서 배를 타고 흑산도의 수군 진에 도착해 가시덩굴로 둘러싸인 민가에 안치되었을 것

---

* 다경포가 나주에서 흑산도로 출발하는 항구로 추정되는 것은 140년 뒤인 1876년 면암 최익현의 흑산도 유배에 관한 기록 때문이다. 출발한 항구 문제는 좀 더 고문서를 찾아보아야 확실히 알 수 있는데, 해남에서 배를 타는 경우도 있다. 하지만 당시 상황은 시간에 쫓기고 있었기 때문에 해남까지 내려가기보다는 다경포에서 배를 탄 것으로 추정된다.

이다. 민가는 대개 유배지의 아전 등의 집이었는데 수군 진이
었기 때문에 수군의 하급 간부의 집이었을 것이다.

큰아들 이복영이 따라갔을 것

유배형을 받은 죄인이 배소에 도착하면 유배인을 관리하고 감
시하는 보수주인(保授主人)이 정해진다. 이태중도 흑산도 수군
진의 진장(鎭將)이 머무는 행관(行館)에 도착해 유배 생활을 시
작했을 것이다. 대개 행관에서 험한 바닷길의 여독을 풀고 간부
급이 담당하는 위리안치형의 가옥에 거처가 정해졌을 것이다.

　위리안치 유배형을 받은 경우에는 가족 동반이 금지되어 있
었는데, 종종 가족이 동반하기도 했다.[16] 공조판서를 지낸 큰
아들 이복영(李復永)에 관한 시장(諡狀)에 아버지 이태중의 유
배 생활에 한 번도 떨어진 바 없다는 기록이 있는 것으로 보아
흑산도 유배길 때에 당시 17세인 큰아들 이복영이 따라간 것
으로 보인다. 다만, 흑산도라는 거리감이나 유배 도착 기일의
촉박함 때문에 실제 가족이 같이 따라갈 수는 어려웠을 것이
다. 형님 이화중(李華重), 동생 이기중(李箕重) 등 한두 사람이
함께 갔다가 큰아들 이복영이 남아서 흑산도 배소 생활을 도
왔을 가능성이 높다.[17]

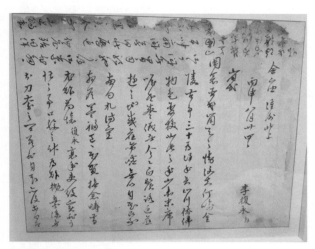

이복영의 간찰(필자 소장)

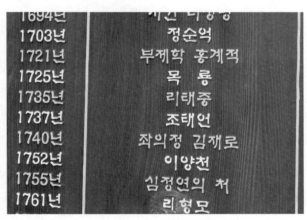

흑산도 유배인 도표. 1735년에 리태중 유배로 씌어 있다.

흑산도 유배인 마을에 서 있는 이태중 비석

　　이태중이 유배 생활을 하던 당시의 흑산도 백성들은 대부분
의 섬 지역이 그러했던 것처럼 매우 궁핍한 생활을 하고 있었
을 것이다. 주된 소득인 어업, 즉 고등어나 청어를 잡아도 세금
을 내야 했고, 곡식이 없어서 산속의 칡을 캐서 연명했다.* 영

---

* 암석 사이에 칡뿌리가 깊게 들어가 있어 칡을 캐는 것이 쉽지 않지만 굶주
  림으로 많은 사람들이 캐고 다녀 산에 남아나는 칡이 없을 정도였다고 기
  록하고 있다. 얼굴이 많이 부어 있었는데, 제대로 먹지 못한 상태에서 칡으

조대에 균역법에 따라 어산물에 어염세가 징수되면서 진장 등 지역 토호들의 토색질이 극심했다. 심지어 낚시로 잡은 물고기에도 세금을 매겼다.

이태중이 유배 생활을 하면서 같은 흑산도에 유배를 당한 정약전이나 김약행처럼 일기나 시를 남기거나 주민들을 가르치는 등의 활동이 남아 있지 않은 까닭은 철저하게 외부인으로서, 섬 주민이나 감시 관리자 등과도 완전히 단절된 상태로 위리안치형을 받고 있었기 때문인 것으로 보인다.

다행히 김신겸(金信謙, 1693~1738)*이 남긴 시와 글이《증소집》6권에 남아 있어 이태중의 당시 마음과 벗들의 마음을 읽을 수 있다.

병진년(1736, 영조 12년) 정월 초이렛날에 병이 들어 청연(靑淵)에서 머물다가 꿈을 꾸었는데 이자삼(李子三, 이태중)이 흑

로 연명하다 보니 부었다고 김약행은 안타까워했다(김약행,〈유대흑기(遊大黑記)〉, 277쪽).

"아침 저녁 주리다 참지 못해서 모두 칡이나 캐려고 저 산 언덕을 오른다오. 큰 돌도 굴리며 거친 가시밭을 뒤져서 칡 한 뿌리 얻기가 마치 용이 여의주를 얻은 것처럼 어렵다네"(《김이수전기(金理守傳記)》, 신안문화원, 2003, 102~103쪽).

● 본관은 안동(安東), 자는 존보(尊甫), 호는 증소(橧巢)이다. 아버지는 진사 김창업이며, 어머니는 전주 이씨로 익풍군 이속의 딸이다. 김창흡이 숙부이다.

산도에서 찾아와 침상가에 앉았다. 내가 유배에서 플려 돌아온 것이냐고 묻자, '괴로운 심사를 견딜 길이 없어 유배지의 가시울타리를 걷어올리고 왔으니 의리로 책망하면 웃으며 받겠네' 하며 쾌활하게 담론해 마지않았는데, 깨어나보니 해가 동쪽 창문에 떠올랐다.

그래서 '지금 그대 법망에 갇혀 있으니, 어찌하면 날개를 달아 도와줄고(今君在網羅 何以有羽翼)'라는 시구를 읊고 오래도록 서럽게 앉아 있었다. 그 뒤로 14일에 편지를 받아보니 바로 초이렛날에 쓴 것이었다. 그러니 편지가 꿈보다 앞선 것인가, 꿈이 편지보다 앞선 것인가. 그 감응의 오묘함은 만리나 먼 바다도 갈라놓지 못했으니 참으로 우연한 것이 아니다. 마침내 〈이백을 꿈꾸며(夢李白)〉라는 시를 차운하여 두 수를 짓고 편지를 써서 흑산도로 부친다. 이승에서 언제나 다시 만나 이 한 조각 기이한 일을 얘기할 수 있을지 모르겠다.

그리고 시 두 수를 짓는데, 그중 하나의 시를 소개하면 다음과 같다. 깨끗한 마음, 참된 마음과 훌륭한 자질을 노래하면서도, 흑산도의 가혹한 위리안치형을 잘 견디시라는 기도의 마음을 담았다.

초이렛날에 꿈을 꾸었는데

초이렛날에 쓴 편지가 왔네
신령의 교분 어찌 기약했으랴
한뜻으로 서로 감응하였네
나는 병들어 문 닫고 누웠는데
길을 알아 혼령은 쉬이 오네
편지 열어 보고 서로 웃으니
도리어 꿈속에서 떨어진 듯
쓸쓸히 깨끗한 마음을 품고서
울울하게 귀양살이를 읊어 보네
천지는 본래 너그럽고 어지니
누가 감히 초췌함을 원망하랴
참된 마음은 부끄러울 게 없으나
훌륭한 자질은 되려 흠이 되었네
장차 두보의 시에 화답하고
영균의 일*일랑 배우지 마시기를

• 영균(靈均)은 굴원(屈原)의 자(字)이다. 그가 지은 〈이소(離騷)〉에 "돌아가신 아버님이 나의 이름을 정칙이라고 지어주셨고, 자를 영균이라 지어주셨다 (名余曰正則兮 字余曰靈均)"라는 말이 나온다. 굴원은 회왕(懷王) 때 삼려대부 (三閭大夫)가 되어 국정을 행했는데, 다른 대부의 투기를 받아 신임을 잃자 《이소경(離騷經)》을 지어 왕의 마음을 돌리려 하였으며, 회왕의 아들 양왕 (襄王) 때에 이르러 참소를 받고 장사(長沙)로 옮겨지자 〈어부사(漁父詞)〉 등 여러 편을 지은 뒤 멱라수(汨羅水)에 투신했다.

2장

영암 유배

흑산도 위리안치에서 12개월 만에 영암으로 이배

이태중은 이후 1736년 3월 17일 흑산도 위리안치형에서 벗어나 3월 18일 유배지를 전라남도 영암(靈巖)으로 옮겼다.* 흑산도에 1735년 4월 25일 위리안치된 지 1년 만에 지옥 같았던 위리안치가 풀리고, 영암으로 이배된 것이다. 높다란 울타리와 가시나무로 둘러친 곳에서 사람과 접촉 없이 지내던 이태중이 영암으로 왔을 때 그 심정이 어떠했을까. 사람의 향기를

* 《승정원일기》 822책 (탈초본 45책) 1736년(영조 12년) 3월 17일 신해일에 따르면, 죄인 이태중의 처리에 대한 의금부의 초기(草記)에 금성현 흑산도 위리안치 죄인 이태중에게 위리안치형을 벗어나게 한다는 결정이 내려지고 (錦城縣黑山島圍籬安置罪人李台重撤圍籬事), 3월 18일 임자일에 영암군으로 옮긴다(錦城縣黑山島李台重靈巖郡, 極地出陸)는 기록이 있다.

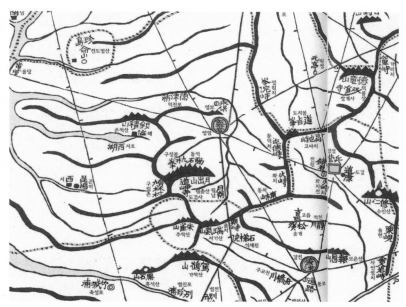

영암군 옛 지도

맡고 사람과 얘기를 나누고 생각을 전하며 영민한 이들에게는
글도 가르쳤을 터이니, 숨통이 트였을 것이다.

영암은 백제 때는 월내군(月奈郡)에, 신라 때는 영암군에 속
했다. 영암군의 첫머리라 해 군시면이라 했고, 조선 후기 기록
인《호구총수(戶口總數)》(1789)에 따르면, 군시면(郡始面)이 65
개 마을에 군종면(郡綜面)이 36개 마을이라 되어 있다. 행정구
역 개편 직전인 1912년에 발행된《지방행정구역명칭총람》에
는 군시면이 23개 마을, 군종면이 44개 마을로 기록되어 있다.
영암읍은 1914년 4월 1일 행정구역 개편 시 군시면과 군종면

을 통폐합해 영암면이라 개칭하고, 회문 등 15개 리로 통폐합되었다. 그 후 1973년 7월 1일 군조례 제287호에 의해 군서면 송평리를 편입해 16개 리로 확장되었고, 군청 소재지 읍으로 승격되었다. 동쪽으로는 금정면과 강진군 옴천면, 북쪽으로는 덕진면, 서쪽으로는 군서면, 남쪽으로는 월출산을 배경으로 강진군과 각각 경계를 이루고 있다.

영암군 군시면 서문외에 있는 조명조 집에 머물러
벗 남유상 유배지와 같은 거처

이태중이 흑산도에서 이배된 곳은 영암군 군시면 서문외(西門外)에 살고 있던 조명조(曹命肇, 1705~1776)의 집이다.•

　그런데 인연도 기이하게도, 이곳은 이태중의 벗인 태화자(太華子) 남유상(南有常, 1698~1728)이 영암에 유배를 왔을 때 지냈던 거정(居停)••이었다. 이태중이 영암으로 유배를 오기 8년 전인 1728년이다. 남유상은 조명조의 총민함을 사랑해 그에게 공맹(孔孟) 2서를 가르쳤고, 이것으로 유배 중의 근심을

• 2012년 강진의 창녕 조씨 낭장공파 후손이 소장하고 있던 자료에 기록되어 있다.
•• 귀양 간 사람이 머물던 곳을 말한다.

잊었다고 한다. 이때 조명조가 날마다 남유상을 곁에서 모셨고, 남유상의 가르침을 받은 조명조는 1729년(영조 5년)에 사마시에 들어 진사가 되었다.

하지만 애석하게도 남유상은 영암 유배지에서 해배되는 해에 병으로 33세에 요절한다.* 1728년이다. 이태중의 친구인 남유상이 거처했던 곳, 지금은 고인이 된 벗의 흔적이 남아 있는 곳에서 유배 생활을 해야만 하는 이태중의 마음이 어떠했을까? 남유상이 유배에서 풀려 서울로 돌아가기 전에 문곡(文谷) 김수항(金壽恒, 1629~1689)**의 시에 차운해 이별시를 써서 준 시***를 조명조가 보여줬을 때 이태중은 무슨 생각을 했을

---

* 남유상의 장례에서 가족들이 남포연(충남 보령 지역의 백운상석을 깎아 만든 명품 벼루)을 순장하려 하자, 동생 남유용이 이를 극구 만류했다고 한다. 생전에 형님이 사랑했던 벼루를 흙으로 돌려보내는 것보다는 세상에 남겨 형님의 고심과 행적이 전달될 수 있기를 바랐던 것이다. 그는 "세상에서 형님을 가장 잘 아는 것은 이 벼루"라며 이따금 벼루를 쓰다듬곤 했다고 한다.

** 김수항이 좌의정 때 영암으로 유배된 것은 1675년(숙종 원년)부터 1678년까지다. 정승이 영암으로 유배를 왔으니 영암군수 입장에서는 매우 고역이었을 것이다. 게다가 김상용과 동생 상헌, 손자 수흥·수항, 아들 창집이 정승이 되었으니, 3대에 걸쳐 다섯 명의 정승이 나왔던 가문이다. 김수항은 위리안치되지 않았기 때문에 추종자들이 찾아왔을 것이다. 그의 유배처는 영암읍성 밖 풍옥정(風玉亭)이라는 움막이었다.

*** 남유상의 《태화자고(太華子稿)》. 4권 2책 목판본이다. 1728년에 요절한 남유상의 시가와 산문을 엮어 1736년에 동생 남유용이 편집, 간행했다. 권두에 민우수·이천보·오원·황경원 등의 서문이, 권말에 안중관의 발문이 있다. 서(書)는 주로 유배지에서 아버지와 동생 그리고 김상리·이천보 등에

남유상의 《태화자고》

까? 다행히 조명조의 후손이 보관하던 자료 중에 이태중의 심
정이 기록되어 있다.

  남길재*가 손수 쓴 소서(小序)와 문곡**의 시를 차운한 1수

  게 보낸 것인데, 그중 동생 유용에게 보낸 6편의 편지에는 학문 요령 또는
  문장론 등에 대한 글이 있어 당시의 문장 이론을 연구하는 데 좋은 자료가
  된다. 이때 이태중은 유배 중이었다.
  • 길재는 남유상의 호이다.
  •• 김수항의 호이다.

의 시를 보여주었는데, 짙은 먹물이 마치 새로 쓴 듯하였고, 기품과 격조가 맑고 아름다워 마치 휘호하는 모습을 직접 보는 것 같았다. 이 글들을 읊어본 뒤에 내 자리 곁에 두어 잠시도 손에서 놓고 싶지 않았다.

그리고 남유상에 대한 이태중의 마음을 시로 담았다.

지금 세상 문단에 이런 현인 없는데
내가 와 그댈 생각하니 더욱 처연해라
전연* 벼루 한가하여 선업을 잃게 하고
귀양 살며 시 읊어 소년을 슬프게 하네
호남고을에 문장 일으켜 진사를 배출하고
구정봉이라 이름하여 구선**을 상상하네
초사***를 노래하지만 물을 곳이 없는데
푸른 바다 아득하고 파도는 하늘에 닿네

今世詞林無此賢　　我來思子益凄然

---

* '전연(傳硯)'은 대제학의 경질을 말하는데, 여기서는 문장에 뛰어났던 남유상을 호남 땅 영암으로 유배 보냄으로써 문장을 발휘할 기회를 빼앗아간 것을 한탄한 내용이다. 남유상의 증조부 남용익이 대제학을 지냈다.
** 구선(癯仙)은 산수에 은거하는 선인을 말한다.
*** 초사(楚些)는 기막힌 초혼의 주문을 뜻한다. 사(些)는 《초사(楚辭)》〈초혼〉편의 구절 말미에 사용한 어조사(語助詞)이다.

이태중의 시

暇湖傳硯失先業　　　吟鵬佩蘭傷少年

文起南鄉生進士　　　峰名九井想癯仙

歌成楚些問無處　　　碧海茫茫波際天

이태중의 시 중에서 김수항에 대한 시가 남아 있다. 병진년
(1736) 동짓달 1일에 썼다고 기록되어 있다.

　　귀양 가서 선배처럼 어질게 살기 어려우니
　　남긴 자취를 생각하면 정말로 아련하구나
　　녹원*에서 향불 사르며 회갑을 슬퍼하고**

김수항

구림***에서 공부한 지 십 년이 지나가네
곡구에는 지금도 원통한 혼백이 헤매는데
남창 마을 어느 곳에서 시선을 물을거냐
북쪽으로 돌아가다 김제에서 그댈 보내니
의복****일랑 유유히 이미 하늘에 맡겼다네

• 　녹원(鹿院)은 영암읍 교동리에 있는 녹동서원(鹿洞書院)으로, 여기에 김수
　 항과 아들 김창협이 배향되어 있다.
•• 　문곡 김수항이 기사환국으로 영암에 유배되었다가 진도로 이배되어 회갑
　 년에 사약을 받고 비참하게 세상을 떠난 일을 말한다.
••• 　구림은 영암군 구림리(鳩林里)를 말한다.
•••• 의복(倚伏)은 재앙이 변해 복이 되고, 복이 변해 재앙이 되는 것을 뜻한다.
　 《노자》 58장에 "재앙은 복이 기대는 바이고, 복은 재앙이 엎드려 있는 바

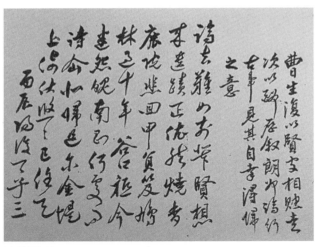

이태중의 시

謫去難如前輩賢　　　想來遺蹟正依然

燒香鹿院悲回甲　　　負笈鳩林過十年

谷口祗今迷怨魄　　　南昌何處問詩仙

北歸送爾金堤上　　　倚伏悠悠已任天

문곡 김수항이 구림에서 이 세상과 원통하게 하직한 것을 추모하며, 낭주*로 귀양 온 옛일들을 두루 서술해 스스로 귀향하게 된 것을 다행으로 여기는 뜻을 드러내고 있다(歷叙朗州謫

이다(禍兮福之所倚 福兮禍之所伏)"라 했다.

• 낭주(朗州)는 전라남도 영암군의 옛 이름이다.

行古事 見其自幸得歸之意). 복이든, 재앙이든 이미 하늘에 유유히 맡겼다고 말하면서 고요한 마음으로 세상을 관조하는 이태중의 마음이 오롯이 느껴진다.

벗 남유상의 유묵, 첩 만들어 후세 전달하기로
이태중이 발문 쓰고, 윤심형이 필사해

조명조의 집에서 유배 생활을 시작한 이태중은 며칠 후 윤심형(尹心衡)을 만난다. 이태중과 절친한 사이였던 윤심형이 유배 가던 길에 영암에 들른 것이다.* 두 사람은 영조와 척신의 전횡을 비판하며 사대부로서의 처신과 명절(名節)을 강조했다. 두 사람이 만났으니 그간 회포를 풀면서 분명 주고받은 시가 있을 터인데, 확인할 길이 없는 것이 안타깝다.

이태중은 조명조가 보여준 고인이 된 벗 남유상의 유묵을

• 윤심형은 1736년 3월 25일 보성군수로 관직을 받지만, 숙부 윤봉조의 일로 출사하지 않는다. 4월 5일 당시 좌의정 김재로가 윤봉조를 다시 서용해 조카 윤심형을 출사하게 하자고 청했다가 영조의 비난을 받는다. 서용을 거부한 것이다. 따라서 윤심형은 보성군수직을 받지 않았던 것은 분명해 보여 보성에 군수 겸 정배를 시킨 것 같다. 조명조의 자료에는 윤심형이 유배 가던 중에 영암에 들렀다고 기록되어 있다. 윤심형은 후에 이태중과 사돈이 된다.

《태계가보장》

윤심형에게 보여주고 조명조에게 첩(帖)을 만들어서 후세에
전하는 것이 좋겠다고 했다. 윤심형이 남유상의 시문을 필사
해서 붙이고, 이태중이 발문을 썼다. 이것이《태계가보장(苔溪
家寶藏)》이다. 이것이 공개된 것이 2012년이다. 현재 강진군 문
화재 자료*로 보관되어 있다.

　이때의 심정을 이태중은 이같이 토로하고 있다.

　며칠 뒤에 윤경평**이 좌천되어 보성군수로 내려가다가 나

---

*　전라남도 문화재자료 제268호로 지정됨.《태계가보장》은 남유상과 이태
　중, 윤심형, 윤급, 오원, 이천보, 이태중의 둘째 아들 이득영 등이 조명조에
　게 준 친필 서한과 시 등으로 엮은 책이다.

이태중이 쓴 글(위)과 윤심형과 남유상에 대한 회포를 적은 이태중의 글(아래)

에게 들러 함께 잤는데, 이 글들을 보고 함께 한탄하며 조생에게 첩본으로 만들어 후세에 전하도록 부탁하였다. 그리고 시는 이 작은 종이에 등사하여 둔 것을 윤경평이 해서로 써서 첩본에 이어 붙였으며, 마침내 나와 함께 그 운자를 빌려 시를 짓고 또 짧은 발문을 적었다. 아, 슬프다. 남길재의 영혼이 있다면, 아마도 빙그레 웃으리라. 곧 죽어 저승에서 만나겠지만, 그래도 그 글들이 없어지지 않게 다행으로 여길지, 아니면 저승과 이승으로 막혀 마주앉아 토론할 수 없는 것을 한으로 여길지, 이를 알 수 없구나.

내가 윤경평의 시와 발문을 보니, 세상을 개탄하고 망자를 서러워하면서 참으로 저승으로 함께 돌아가고자 하는 뜻을 드러내었으나, 나는 감히 여기에 미치지 못하고 애통한 심정만 토로할 뿐이다. 남길재를 아는 것에 얕고 깊음의 차이가 있는 바가 아니라면, 반드시 내가 험난한 상황을 새로 겪으면서 두려워 위축되는 마음이 지나치게 심해져 그런 것이니, 이는 속을 모르는 사람과는 말하기 어려운 부분이다. 조생 또한 어찌 그 뜻을 다 이해할 수 있겠는가. 슬프고도 슬프다!

조생이 이미 시를 지어 사마시 진사에 합격하였다. 좌중에 운치가 있으면 종이와 붓을 잡고 서서 썼는데 휙휙 바람소리

•• 윤심형의 자.

가 날 정도였으니, 참으로 남길재의 가르침을 저버리지 않았다고 말할 수 있겠다. 남길재를 언급하자니 문득 눈물이 핑 돌며 눈시울을 적신다.

이태중은 조명조를 외모는 공손하고 말은 조리 정연하니 특이하게 여겼다고 한다. 조명조에게 첩을 만들어 후세에 알리는 방법을 가르쳤으니 영민한 젊은이들의 학문 활동을 도와주면서 유배 생활의 시름을 덜었을 것이다.

흑산도처럼 주민들과 완전히 단절된 상태에서의 위리안치형 유배 생활이 아니었기에 지역민과 교유하고, 찾아오는 벗이나 인척들과 담소를 나누었을 것이다. 유배자들이 머무는 기간은 현감 등 관직에 있는 이들이 불편했을 뿐, 지역민들에게는 고급 선진 교육이나 문화를 접하는 좋은 기회였다. 이태중도 영암에 유배되어 그 지역민과 많은 지식과 문화를 나누었을 것이다.

조명조가 보관했던 이태중의 또 다른 시들

조명조가 보관하던 자료 중에서 이태중의 시가 또 발견되었다. 조개보*의 시를 차운한 시이다.

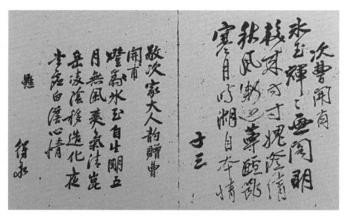

이태중의 시(오른쪽)와 아들 이득영의 시(왼쪽)**

빙옥처럼 휘황하여 그림 누각이 밝은데

내 마음과 견줘보니 맑고 깨끗함에 부끄럽네

가을바람 불어 점점 순로*** 절기에 가까우니

• 조명조의 호이다. 조명조 형제는 조명조, 조명훈, 조명달, 조명조 4형제이
  다. 이태중의 간찰로 보아 모두 가까웠던 것 같다.

•• 조명조가 보관하던 자료 중에 이득영의 시와 간찰이 많이 보인다. 아마도
  아버지 이태중의 영암 유배 시 큰형 이복영과 함께 이득영도 따라와 생활
  을 같이 한 것으로 보인다.

••• 순로(蓴鱸)는 순채국과 농어회로, 고향 생각을 뜻한다. 진나라 때 문인 장한
  이 일찍이 낙양에 들어가 동조연(東曹掾)으로 있다가, 어느 날 갑자기 가을
  바람이 일어나는 것을 보고는 자기 고향인 강동 오중 지방의 순채국과 농어
  회를 생각하면서 "인생은 자기 뜻에 맞게 사는 것이 귀중하거늘, 어찌 수천
  리 타관에서 벼슬하여 명작(名爵)을 구할 수 있겠는가" 하고, 마침내 수레를
  명해 고향으로 돌아갔던 데서 온 말이다《진서(晉書)》 권92〈장한전(張翰傳)〉.

맑은 호수에 차가운 달빛이 본래 마음이로세

氷玉輝輝畵閣明　　較來方寸媿澄清

秋風漸近尊鱸節　　寒月晴湖自本情

　참으로 청아한 시가 아닐 수 없다. 맑고 깨끗함에서 부끄럽다는 겸허함이 이태중의 인격을 드러내고 있다.

《화순 누정집》에 기록된 이태중의 시 3편

게다가《화순 누정집(樓亭輯)》에도 이태중의 시 3편이 실려 있다. 2편은 협선루(挾仙樓)에서, 1편은 태수대(太守臺)에서 읊은

《화순 누정집》

것이다.

화순은 영암처럼 시인 묵객들이 자주 들러 시를 짓고 정담을 나누는 정자와 누각이 많은 곳으로 유명하다. 이태중이 찾아온 벗들이나 선비들과 큰마음 먹고 화순으로 정자 나들이를 갔거나 유배 생활을 끝내고 올라오는 길에 들렀던 곳이 아닌가 싶다. 하지만 화순은 영암 근처이기는 하지만 60킬로미터 정도 되는 거리이고, 올라오는 노정과는 거리가 있어서 시를 쓴 시기를 정확히 알 수는 없다.

협선루에서 2편, 태수대에서 1편

이태중은 협선루*에서 적벽의 맑은 물결 위에 유배객의 시름을 흘려보내고 담담하게 지난 세월을 추억한다. 협선루는 1587년(선조 20년)에 동복현감 김부륜(金富倫)이 축조한 것으로 동복면 독상리에 있었다. 김부륜은 1585년 3월에 부임해 1589년 임기가 만료되었지만, 1년을 더했다. 이태중이 이 협선루에

• 전라남도 화순군 동복의 객관 동쪽에 있었던 누대. 1587년(선조 20년)에 현감 김부륜이 세운 누대. 현재는 화순군 동복면 독상리에 그 유적만 남아 있다. 많은 시인 묵객들의 글이 남아 있었다 하나 지금은 기록으로만 전한다. 김부륜 외에도 박태보, 장유, 정홍명 등이 협선루에 대해 읊은 시가 있으며, 이태중도 시를 남겼다.

올라 지은 시 두 편이 전해진다.

무성한 긴 대는 높은 누(樓)를 둘렀는데
홀로 올라 소요하여 나그네 시름을 달랬어라
적벽의 맑은 물결 흐르고 또 흘러
소동파 남긴 자취 생각하는 가을일세

森森脩竹挾高樓　　獨上逍遙惹客愁
赤壁淸波流不盡　　蘇仙遺躅倍思秋[18]

적벽의 맑은 물결이 흘러가는 것은 자연의 순리이지만, 그 옛날 중국 황주의 적벽에서 시를 읊으며 놀았던 소동파가 생각났던 모양이다. 협선루에서 시를 짓고 놀았을 많은 시인 묵객들을 떠올리며 적벽의 맑은 물이 흘러가듯 이곳을 다녀간 옛사람들도 세월 속에 흘러가버린다는 쓸쓸함과 허무함을 토로한다.

선루(仙樓)에서 함께 즐긴 지 겨우 반세(半世)였는데
거연히 석별함이 이제 때에 있구나
거듭 기쁜 일도 수(數)가 있어 기필하기 어려운데
들보 달은 응당 꿈 생각이 자짐을 알고 있으리

同樂仙樓纔半世　　遽然離別在今辰

重歡有數難爲必　　　梁月應知夢想頻[19]

또 협선루에서 큰 시름을 풀어놓으며 이별의 아쉬움을 달래고, 인연의 열림과 닫힘, 세상사에 대한 희망과 좌절을 아주 담담하게 관조한 듯 읊조리고 있다.

태수대*에서도 읊은 시가 있다. 태수대는 동복현감이었던 한강 정구(鄭逑, 1543~1620)가 축조한 누각으로, 그는 1584년 7월에 동복현감으로 부임했다가 1585년 정월에 찬집랑(纂集郞)에 승진, 제수되어 떠난다. 이태중이 이 태수대에 올라와 시를 읊었다.

태수대(太守坮) 가운데 옛 소나무 있는데
소나무 우뚝 솟아 부공(夫公)**과 같구나
부공의 높은 절개 소나무와 같아

---

* 호남권 누정 총목록에는 정구가 현감으로 부임했을 때 동복면 창랑리 창랑정(滄浪亭)을 보고, 창랑강가 반대편에 지은 누각이라고 기록되어 있다. 창랑정은 정암수가 16세기 말 17세기 초에 지은 누각이다. 그런데 태수대 제작 시기가 불분명하다. 호남권 누정 총목록에는 제작 시기가 1590년(선조 23년)이라 되어 있는데, 동복현감을 한 것은 1584년에서 이듬해까지이기 때문이다.
** 부공이 누구인지는 분명치 않으나, 태수대를 지은 한강 정구를 가리킨다는 풀이가 있다. 정구는 이황, 조식의 수하에서 성리학을 공부했을 뿐만 아니라 임진왜란 때는 의병장으로 활동을 했다.

그 소나무 백설 속에 푸르름을 띠었구나

太守垈中有古松　　古松落落似夫公

夫公高節同松樹　　松樹蒼蒼帶雪風[20]

이태중은 소나무의 푸르른 절개를 높이 평가하고 차디찬 눈 속에서도 푸르른 소나무처럼 자신의 기상을 드러내고 있다. 부귀영화를 덧없이 여기며, 나라를 위한 충절과 꼿꼿한 선비 자세가 어떠해야 하느냐를 몸으로 살고 시로 남긴 것이다. 역병이나 재해로 구제가 필요하고 나라를 구해야 할 때에만 관직에 나갔던 이태중의 면면이 분명히 드러나는 시이다. 비슷한 시기 다른 선비들의 시가 중국의 고사나 대명의리(大明義理) 등을 비유하거나 임금에 대한 충성을 맹목적으로 읊조리는 것에 비하면 격조가 다르다.

그런데 이 시를 언제 썼는지 그 시기는 알 길이 없다. 유배 시절에 백설 속의 소나무를 보고 쓴 시라면, 풍고 김조순의 기록처럼 영암에서 8개월 동안 유배 생활을 하고 11월 고향으로 올라가는 길일 수도 있다.•

• 김조순의 〈호조판서공 시장〉에는 8개월 동안 영암에서 유배 생활을 한 것으로 기록되어 있다. 3월 18일에 왔으니 해배는 11월이 되는 셈이다. 그렇다면 화순의 태수대의 겨울 모습을 볼 수 있었을 것 같다.

영암 유배지에서 언제 돌아왔을까

이태중이 영암에서 얼마 동안 유배 생활을 했는지에 대한 기록에는 조금씩 차이가 있다. 조카 이윤영의 《단릉유고》 권14 〈잡서〉에는 이태중이 영암 유배에서 돌아온 1736년 9월 15일에 반지* 담화재**에서 두 번째 모임***을 가졌다는 기록이 있어 1736년 9월에 영암에서 해배되어 돌아온 것으로 추정할 수 있다. 그런데 풍고 김조순이 쓴 〈호조판서공 시장(諡狀)〉에는 "병진년(1936)에 울타리를 철수하고(위리안치형을 풀고), 배소를

---

* 반지(盤池)는 반송지(盤松池), 서지(西池)라고도 하는데, 서대문 밖 반송방에 있던 큰 연못이다. 경치가 좋은 명승지라서 화가 이윤영, 심사정 등도 반송지 근처에 집을 짓고 살았는데, 지금의 서대문구 천연동 금화초등학교 자리이다. 둘레가 넓어 150여 보나 되었다고 한다. 서지 외에 동대문 밖에 동지, 남대문 밖에 남지가 있었는데, 모두 연꽃이 활짝 피던 곳으로, 이 연꽃은 궁궐의 연밥을 만드는 식용으로도 유명했다. 당시에는 서지의 연꽃이 많이 피면 서인이 세력을 잡고, 동지의 연꽃이 성하면 동인이 우세하고, 남지의 연꽃이 잘 피면 남인이 힘을 얻는다는 말이 있었다. 서지는 1919년에 일제에 의해 메워지고, 이곳으로 죽첨보통학교가 옮겨졌으며 해방 후 금화국민학교로 바뀌었다.
** 화가 이윤영이 반지 근처에 집을 지으며 세운 정자. 처음에는 서지정(西池亭)이라 불렸는데, 1741년에 이인상이 담화(澹華)라는 편액을 걸어주어, 그 이후로는 담화재(澹華齋)라 불렀다. 담화재는 이윤영의 호이기도 하다. 꽃과 나무를 빙 둘러 심었고, 집 안에는 서화, 고기(古器) 등의 진기한 볼거리가 많았는데, 대부분 벗에게서 선물을 받은 것들이었다고 한다.
*** 거년(去年, 지난해인 1736년) 음력 9월 15일에 두 번째 모임이 있었다고 기록되어 있다.

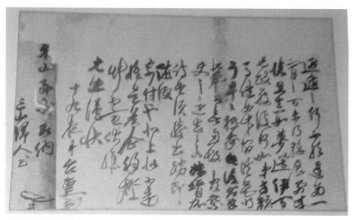
이태중의 간찰(필자 소장)

영암으로 옮겼다. 8개월이 지난 뒤에 나라의 경사로 인해 석방
되어 돌아왔다"고 기록되어 있다. 시장은 생전의 공식 기록을
적은 것이어서 틀린 기록이 적기 때문에, 영암에 유배를 간 시
점이 1736년 3월 18일이므로 8개월 있었다면 11월에 풀려났
다는 얘기가 된다.

또 김수항을 추모하는 이태중의 시(58~59쪽 참조) 중에서
"북쪽으로 돌아가다 김제에서 그댈 보내니"라는 시구가 있다.
시 작성 시기가 1736년 동짓달 1일로, 영암에서 해배된 시기
는 동짓달 이전으로 추정할 수도 있다. 또한 조명조 4형제에게
답장을 보낸 간찰도 발견되었다. 이 간찰은 1737년 1월 15일
에 썼는데, 간찰 내용 중에 다음과 같은 글귀가 있다.

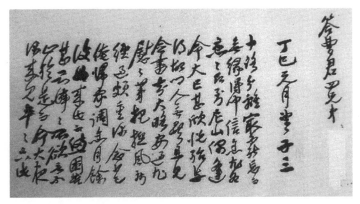
이태중이 1737년 1월 15일에 쓴 간찰

……방금 이산(尼山)*에 이르러 우연히 명대(命大)**를 만나
니, 너무 기쁘고 반가워서 마치 고향 사람을 만난 것과 다름
이 없었네. 또 그대 형제들의 편지를 받아보고 대략 편안히
지내고 있음을 알고 나니 더욱 위로되었네. ……나는 귀가
하여 조리하고 휴식을 취한 지 한 달여 만에 다시 이곳으로
와 피곤함이 매우 심하니 딱하고 가련하네.

휴식을 취한 지 한 달여 만에 다시 이산으로 왔다고 했으니,
12월은 아니고 11월이나 10월 말일 수도 있다. 9월과 10월, 11

---

* 충청도 논산 지역의 옛 이름이다.
** 명대는 조명조의 일가이다.

천연정(반송정)과 반지를 나타낸 지도

월 어느 것이 맞는지는 정확하게 알 길이 없지만, 영암에서 풀려난 해가 1737년이 아니라 1736년인 것은 분명해 보인다.

1736년 9월 담화재에서의 일화

이태중의 문집인 《삼산집》이 사라지는 바람에 이태중의 마음을 정확히 알 길이 없지만, 영암 유배에서 풀려난 이태중의 행적을 들여다볼 수 있는 일화가 기록에 남아 있다. 두 번째 담화재에서의 만남이 있던 날, 1736년 9월 15일에는 조카이자 화가인 이윤영, 화가 이인상 외에도 윤심형이 참석했다.

> 이공*이 귀양에서 풀려나 서울에 들어와 윤공**과 함께 담화재의 동쪽 정자에서 술을 마셨는데, 취한 후 이야기가 시사(時事)에 미치자 서로 개연히 눈물을 흘렸다. 밤이 깊은 데다 윤공이 몹시 취하였으므로 윤지***와 그 형제들이 윤공을 부축하여 말에 태워 전송하며 반지가에 이르렀다. 이튿날 윤공이 윤지에게 이르시기를, '어젯밤에 내가 이런 시구를 얻었지'라며, '문 나서자 청량한 광경만 기억 나/못빛과 달빛 분간이 안되네(出門但記清凉界 不辨池光與月光)'라 읊어 듣는 자들이 슬퍼하였다.

세상이 맑고 깨끗하게 되기를 희구한 윤심형의 마음이 투영된 글이라 볼 수 있다. 아마도 이 모임에서는 당시 영조가 당파의 논리를 배척하는 탕평책을 추진했지만 시비 분별보다는 조정을 통해 왕권 강화를 꾀하였으므로 영조 초의 이러한 정국

---

* 이태중을 말함.
** 윤심형을 말함.
*** 이윤영을 말함.

이인상의 초상화

상황을 긴밀히 논의했을 것으로 보인다. 자연히 이태중과 시사를 논하며 비감을 토했고, 결국 눈물을 흘렸다는 것을 엿볼 수 있다. 윤심형은 시비와 청탁을 초월해 살고 싶은 바람을 '청량한 광경'이란 시어로 표현했던 것이고, 모든 현실의 대립을 잊어버리고 싶은 마음과 그럼에도 불구하고 깨끗하고 엄정한 세상을 고대하는 마음이 투영되어 있다[21]고 볼 수 있다. 사대부의 의리와 원칙이 지켜지는 사회, 맑고 깨끗한 사회를 지향하는 이태중, 윤심형 두 사람의 마음을 마주할 수 있다.

이윤영과 이인상은 이태중과 윤심형을 존경해 정치적 입장을 함께했다. 특히 이인상이 쓴 〈수정루기〉에는 이태중과 윤심형을 다음과 같이 표현하고 있다.

> 사류(士類) 가운데 아직 맑은 의론을 견지하고 있던 사람들
> 은 모두 삼산공*과 윤공**을 으뜸으로 받들었다. 두 공은 모
> 두 충성스럽고 곧았으며 지조와 절개가 있었는데, 서로 절
> 친한 사이였다. 윤공은 물러나서 몸을 깨끗이 하였고, 이공
> 은 벼슬길에 나아가 시대를 구하려고 하였다. ……두 공을
> 현달한 분으로 여겨 십 년에 두어 번 찾아뵌 데 그쳤다. 아
> 아! 두 공을 이제 다시 볼 수 없으니 후회스럽다.

---

* 이태중을 말함.
** 윤심형을 말함.

3장

갑산 유배

영암 해배 후 네 차례 출사 거부…… 사직상소 올려
이광좌 탄핵과 강직한 선비, 대간에 배치 요청

흑산도와 영암 유배가 풀려 고향에 돌아가게 됐지만, 이태중
은 영조 때 사헌부·사간원정언을 비롯해 양사, 춘방 등의 관직
에 서임되었으나 사직상소를 내고 응하지 않았다. 1738년 조
정에서는 지방 관직에 전임시켜 힘쓰도록 하기 위해 경상도도
사(都事)를 제수했으나 또 취임하지 않았다. 1739년 4월 22일
이태중은 지평에 임명될 때에는 영조의 마음을 약간 이해하게
됐지만, 여전히 영의정 이광좌에 대한 권고(眷顧)*가 변하지 않

● 돌보아주는 것. 탄핵의 반대 의미.

으므로 입을 다물었다. 그런데 1740년 2월 20일 영조가 사간 원정언으로 임명하자 자신이 올리는 사직소가 어떤 파장을 불러일으킬지 너무나도 잘 알고 있어 몇 달을 근심하다가 5월 11일 결국 사직소를 올린다.

군도(君道)가 날로 가리어지고 언로가 날로 막혀 가서 한만(閑漫)한 경계를 아뢰는 말과 보통 백관(百官)이 서로 경계하는 것이 고요하여 들리는 것이 없어진 지도 오래되었습니다. 초봄에 처분을 내리신 이후로 의리(義理)가 장차 펴질 듯하면서도 펴지지 아니하옵고, 징토(懲討)를 당연히 거행하여야 함에도 거행되지 아니하였으며 거행되려다가 거행되지 않으므로 조정의 신하들은 의심하여 망설이면서 대기하여 오직 성상의 독단만을 기다리고 있습니다. 선정신(先正臣)의 40여 통의 수차(手箚)는 진실로 이 세상에서 다시 볼 수 없으나, 또한 어찌 이토록 쇠퇴해질 줄 알았겠습니까? 만약 반자(班資)*의 고하를 꾀하거나 청직과 요직의 선후를 경쟁함이 아니라면, 전하의 조정에는 장차 한 가지도 할 만한 일이 없을 것입니다. 지금 마땅히 강방(剛方)하고 정직한 선비를 모아 대각(臺閣)에 배치하여 위로는 빈 것을 보충하

• 관원의 품계를 말함.

고 빠진 것을 수습하며, 아래로는 죄과를 처단하고 부정을
규탄하여 광명한 치적을 나타내시옵소서.[22]

강방하고 정직한 선비를 모아 대간에 배치해 광명한 치덕을
나타나게 해달라는 상소를 올리면서 신임옥사에 책임이 있는
영의정 이광좌와 유봉휘를 탄핵하라고 했던 것이다. 영조의
국정 운영의 축인 소론의 영수 이광좌와 유봉휘를 탄핵하라는
것은 예사 문제가 아니었다. 영조는 경악했다.

이태중의 상소가 올라온 다음 날인 5월 12일부터 삼사인 사
헌부, 사간원, 홍문관에서 처음으로 이광좌를 성토하게 되었
다. 이에 영조는 삼사의 계달(啓達)이 이태중의 선동에서 나온
것으로 의심해 제신(諸臣)을 위협해 일을 야기한다고 몹시 질
책을 하고, 당습(黨習)이라 해 배척했다.

좌의정 김재로(金在魯)가 자신의 병 때문에 면직을 청하면서
임인년 무옥(誣獄)의 반안(反案)을 청했지만, 영조는 달라지지
않았다. 영조는 이태중이 삼사를 선동해 조정을 흔든다고 보
았던 것이다.

"신은 김용택·이천기를 옳게 여기는 것이 아니라 역안(逆案)
에서 없애기를 바랄 뿐입니다."
"경 때문에도 고심한다. 사직하지 말라. 이태중은 반드시

이들을 숭장(崇獎)하려 한다. 고(故) 판서 김진규가 있다면 어찌 김용택 같은 자가 나왔겠는가? 내게도 권형(權衡)이 있거니와, 천하의 일은 번번이 바빠 처치하면 어긋나니, 천천히 다시 의논하겠다."

갑산 유배…… 신하들에게 보내는 엄중한 경고

며칠 뒤인 5월 17일 도당록(都堂錄)*이 이루어졌다. 이태중 등 24인을 뽑았다. 하지만 이틀 뒤인 5월 19일 영조는 이 도당록을 무시하고, 이태중의 벼슬을 삭탈하고 갑산으로 귀양을 보내라고 하교한다.

　당습을 고치지 않고 신하들의 앞장을 선 자는 이태중이니 갑산부에 귀양 보내고, 권적(權摘)·이성룡(李聖龍)은 그 벼슬을 삭탈하라.

5월 20일 헌납 서명신(徐命臣), 수찬 윤득경(尹得敬)이 상소

---

* 조선 시대 의정부에서 홍문관원의 후보자를 선발하기 위해 작성한 문서. 의정참찬, 이조판서, 참의 등이 모여 홍문록에 오른 명단에서 적합한 사람의 이름 위에 원점을 찍어 그 찬반을 보이며, 이 결과를 임금에게 올리면 득점의 순위대로 임명되었다.

해 이태중을 투비(投畀)*하라는 명을 도로 거두기를 청했으나, 영조는 그 상소를 아예 살펴보지도 않았다.

이번에는 국토의 맨 꼭대기인 함경도 갑산부에 다시 유배된 것이다.[23] 때는 1740년 5월 19일. 영암에서 해배된 지 얼마 되지 않아 다시 갑산 유배가 결정되자, 조정과 선비 사회는 의론이 분분했다. 하지만 영조는 자칫하다가는 자신과 소론 주도의 탕평책이 명분과 실리를 잃을 위험성이 너무 컸다. 그래서 다시 흑산도 못지않은 국토의 맨 끝, 추워서 얼어죽는다는 갑산에 유배를 보내버리기로 한 것이다. 신하들에게 재차 보내는 엄중한 경고였다.

영조 초기, 갑산에 유배 보내는 것 금지령 내려

갑산은 산수갑산이라 불릴 정도로 높은 산과 골짜기가 험한 곳이다. 갑산 역시 '죽이지 못하는 신하'를 유배 보내는 흑산도와 마찬가지로 사람이 살기 힘든 곳이었다. 얼마나 험했던지 영조 역시 즉위 초에는 흑산도와 갑산에 유배 보내는 것을 금했다.

• 귀양을 보냄.

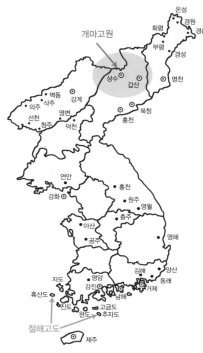

삼수, 갑산

개마고원에 위치
겨울철 평균기온 −20도 이하
농사 곤란
호랑이, 승냥이 등의 맹수

추자도, 흑산도

절해고도
태풍 피해
농사 곤란
뱀, 벌레 득실

최악의 유배지들

그랬던 그가 취임 초의 약속을 깨고 흑산도에 이어 갑산에 이태중을 쫓아버렸다. 이태중은 자기 세력을 거느리고 있는 위협적인 권신도 아니요, 부패한 탐관오리도 아니었다. 다만 영조의 탕평책이 "본뜻에 어긋난 지극히 자의적인 정국 운영이어서 임금의 덕이 널리 펼치지 못한다"고 지적한 것이다. 임인옥사가 조작과 고문에 의한 역신 규정이었다면, 그 모략에 죄가 있는 이광좌를 영의정 자리에 그대로 두면서 어떻게 탕평을 말하느냐는 주장이었다. 탕평책의 허점을 정면으로 지적한 것이다.

영의정 이광좌의 죄가 크니 그를 내쫓으라고 분명하게 상소한 것이 전부이지만, 아무나 할 소리는 아니었다. 현재 관료들의 우두머리이고 임금의 총애를 받는 영의정, 그것도 이인좌의 난을 평정해 각별한 신임을 받는 인물에 대한 죄를 아무리 간관이라도 함부로 내뱉을 말이 아니었다.

그러나 이태중은 '근심스럽고 분개함을 이기지 못하'[24]였다. 고민 끝에 다른 신하들이 몸을 사리거나 임금과 대신들의 눈치를 볼 때, 이태중은 임금의 덕과 공의를 더 중시했기 때문에 유배 간다는 것을 뻔히 알면서도 영조에게 직격탄을 쏜 것이다.

김원행 편지에도 안타까움 담겨 있어

김원행(1702~1772)이 1740년에 이태중에게 보낸 편지*에는 안타까움이 담겨 있다.

---

* 《미호집》 제3권. 할아버지 김창집, 아버지 김제겸, 친형인 김성행·김탄행이 죽임을 당하자 벼슬을 포기하고 학문에 전념했다. 1725년(영조 1년) 김창집 등 집안사람들이 신원(伸寃)된 뒤에도 벼슬에 뜻을 버리고 시골에서 학문 연구에 몰두했다.

김원행

삼가 또다시 천리 먼 변방으로 유배되는 엄한 견책을 받았다
는 소식을 들었습니다만, 궁벽한 곳이라 미리 듣지를 못해
미처 노중(路中)에 나가 문후를 올리며 원정(元定)의 꺾이지
않는 모습을 뵙지 못하였으니, 개탄스러운 나머지 망연자실
함을 이기지 못하겠습니다.

흑산도와 갑산은 예부터 유배지로서 제일가는 험악한 곳으
로 일컬어지고 있습니다. 우리 집사께서 전후로 하신 말씀
은 모두가 짧막한 몇 구절에 불과해 평소 충심을 바치고자
하는 뜻을 다 담아내어 대의를 통절하게 밝혀 힘써 세도(世
道)를 부지하여 행여 성심을 한번 깨우치지도 못했는데, 홀
로 남으로는 깊은 바다에 가로막히고, 북으로는 불모지 중
에서도 가장 끝자락이어서 속칭 신발값이 형성이 안되는 곳

에 계시니, 천 리 먼 곳에서 한바탕 크게 웃음을 자아낼 만합니다.

언제쯤 당도하셨으며, 배소에 도착한 뒤 기거는 신의 위로로 더욱 다복하신지 모르겠습니다. 원행은 변변찮은 몸을 보존하고 있습니다. 숙씨형(叔氏兄)께서 근처 고을에 부임해 온 뒤로 종자(從者)가 조만간 한번 들르면 꼭 한번 가서 만나려고 생각하고 있습니다만, 세상사가 끝도 없이 이어지고 인사는 뒤틀려버리니 멀리 바라보며 서글프고 암담한 심정 이루 말할 수 없습니다. 부디 세도를 위해 더욱 보중하시기 바랍니다. 격식을 갖추지 않습니다.

갑산, 흑산도처럼 '최악'의 유배지

갑산 역시 최악의 유배지였다. 함경도 갑산은 동쪽은 단천군, 남쪽은 풍산군, 북쪽은 혜산군으로 둘러싸여 있다. 높은 산과 봉우리, 높은 고개가 제일 많다. 평균 고도도 해발 800~1200미터나 된다. 개마고원이 동부 지역에 위치해 있다.

갑산이 매우 춥다는 것은 널리 알려졌지만, 평균기온이 2.8도, 겨울철 평균기온이 −20도라고 한다. 그리고 호랑이, 승냥이 등 맹수들이 많았다고 전해진다.

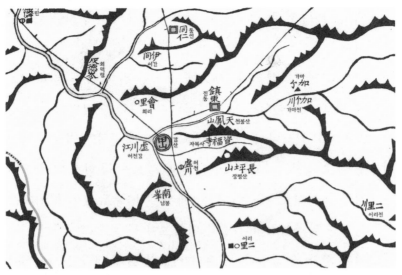

갑산(《대동여지도》)

　고구려의 마천왕 때에는 고구려에 예속되었고, 발해 시대에
는 서경압록부에 편재돼 있었으나 발해가 망한 뒤에는 오랫동
안 여진족의 거주지가 되기도 했다. 고려 공민왕이 원의 쌍성
총관부를 공격했을 때 갑산에 화주목을 설치했으며, 이성계가
실권을 장악한 뒤로는 자신과 조상들의 출생지를 확보한다는
차원에서 1391년에 갑주로 명칭을 변경하고 만호부를 두었다.
조선에 들어와 주(州)가 붙은 군현의 이름을 산(山), 천(川) 자
로 고칠 때 갑산군으로 고쳤다. 1437년에는 진(鎭)을 설치하고
절제사를 파견했으며, 세조 7년에는 군사상 중요 지역으로 인
정해 도호부로 승격시키고 종3품의 부사 1명과 종6품의 교수

1명을 두었다. 세조 때 정비된 진관 체제하에서 갑산진은 영길남도에 속했고, 병마첨절제사를 두되 부사가 겸직하게 했다. 효종 때 북벌 정책으로 각 도에 영장(營將)을 설치하면서 부사가 좌영장을 겸하고, 진동·동인·혜산·운총의 4진보를 두었다.

《여지도서(輿地圖書)》에 따르면, 이태중이 유배를 간 지 20여 년 뒤인 1759년(영조 35년)에 갑산부의 가구 수가 3711호, 인구가 총 1만 6574명(여 8991명, 남 7583명)에 도호부사 1명(종3품), 좌수 1명, 별감 3명, 군관 100명, 아전 80명, 사령 90명, 관노비 126명, 교노비(校奴婢) 23명이 있었다. 또 논이 1226결 76부 7속이고, 밭이 1934결 68부 3속이었다. 남쪽의 호남 지역이나 북쪽의 평안도와 다르게 함경도 갑산은 그야말로 빈촌이었고, 수령들의 봉록도 호조의 지원 없이는 어림없었다.

말을 타고 1400리 유배길
하루 90리 이상 달려

갑산 유배길은 의금부에 끌려와 대기했다가 출발했을 가능성이 높다. 흑산도처럼 험난한 바닷길을 가는 것은 아니어서 아마 말을 타고 가야 했을 것이다. 갑산은 보통 북행길을 그대로 타고 다녔다. 영조 때 북행길은 고려 시대와 다르게 이성계 세력의 근거지가 함경도 회령 일대였기 때문에 회령까지의 길이 험하지만 마차와 말이 다닐 수 있었다.

같은 갑산에 비슷한 계절*에 유배를 갔던 윤양래(尹陽來, 1673~1751)의 《북천일기》를 통해서 유배길을 유추해볼 수 있는데, 유배길의 행로는 서울에서 출발해 종암, 수유원, 송추, 금곡, 포천, 영평을 거쳐 강원도 철원, 금화, 금성, 송포, 준양을 지나 철령을 넘어 평안도 안변, 함경도 함흥, 원산, 북청을 거쳐 자항원, 후시령을 넘어 황수원, 종포, 호린 등을 거쳐 갑산에 도착했다.

갑산은 서울에서 1400리의 거리이며, 《의금부노정기》에 따르면 15일 반 일정으로 하루 평균 90.3리를 달려야 하는 강행군의 머나먼 길이었다. 이태중이 올린 상소는 영조의 소론 중심의 탕평책을 비난하면서 조정의 공론을 뒤흔들었기 때문에 국왕의 처사가 지나치다는 여론이 높았다. 청요직의 대간으로서 당연히 할 말을 한 것이고 사류(士類)들의 중망이 있었기 때문에 각 군현을 지날 때 관원들의 응대가 있었을 것이나 북녘 땅인 데다 흔적이 남아 있지 않아 실상을 알 수 없다.

• 윤양래는 1722년 4월 20일 동대문 밖에 나가 근 2개월을 대명하다가 6월 21일 갑산으로 떠난다.

윤양래

   윤양래가 갑산으로 유배 떠난 나이가 50세, 이태중의 유배
보다 18년 전의 일이다. 이태중도 비슷한 47세에 갑산으로 유
배를 떠난 것이다. 이태중은 한양에서 퇴계원을 거쳐 윤양래
가 유배 갔던 길을 따라 갑산에 도착해 갑산부사에게 신고한
뒤 정해진 귀양 집에 묵었을 것이다. 배소상정법(配所詳定法)에
따라 의금부나 형조에서 유배형을 받으면 도사 또는 나장들이
지정된 유배지까지 압송하며, 그곳에서 고을 수령에게 인계하
고, 수령은 죄인을 보수주인에게 위탁했다.

   보수주인은 그 지방의 유력자로서 집 한 채를 거주할 곳으
로 제공하고 유죄인을 감호하는 책임을 졌다. 그곳을 '배소'
또는 '적소(謫所)'라고 했다. 배소에 있는 유죄인의 생활비는
그 고을이 부담한다는 특명이 없는 한, 유죄인 스스로 부담하

는 것이 원칙이었다. 따라서 가족의 일부 또는 모두가 따라가게 마련이었다. 유배자의 처첩 및 미혼 자녀는 함께 살게 하고 조부모·부모 및 기혼 자녀도 오갈 수 있도록 허락했다. 갑산 유배길에는 큰아들 복영이 따라와서 아버지의 수발을 맡아줬다.

갑산의 유배 생활은 위리안치형이 아니었고, 단천, 삼수, 풍산, 혜산 등 인근 고을에 나와 있는 고을 수령들이 찾아와 함께 교류할 수 있었다. 이 갑산 유배 당시에 남긴 시가 적잖이 있을 것인데, 현재로선 알 길이 없다. 이태중이 흑산도 유배에서 영암으로 이배되고 나서 동문수학했거나 과거를 같이했거나 청요직에서 함께 근무했던 동료들이 찾아와 화순군의 협선루에 올라 남긴 시처럼 아마도 이 갑산 유배길에서도 개마고원의 절경과 그 속에서 생존에 허덕이는 백성들의 고단한 삶에 대한 시를 남겼을 법하다.

이광좌 탄핵 빗발쳐…… 단식으로 갑자기 죽어
노론, 소론 영수들이 모두 이태중 유배 해배 청함

이태중이 유배를 떠난 5월 19일 조정에서는 대사헌 권적 등이 합계(合啓)해 유봉희·조태구·이광좌의 관직을 추탈하도록 요구하는 일이 벌어졌다. 삼사(三司)에서 합계해 고(故) 좌의정 유봉휘, 영의정 조태구의 관작을 추탈하고 현 영의정 이광좌를 우선 파직하기를 청했던 것이다. 대사헌 권적, 대사간 이성룡, 집의 홍봉조, 응교 김상로, 장령 이휘항·송시함, 지평 이성해·민택수, 교리 이덕중, 정언 이수해·박춘보 등이 모두 유봉휘와 조태구의 관작을 삭탈하고, 영의정 이광좌를 파직하라는 요구를 한 것이다.

하지만 영조는 오히려 삼사의 신하들을 모두 파직하고 이광좌를 보호하기에 급급했다.

5월 23일 정언 김시찬이 다시 이광좌에게 죄를 물어야 한다고 하자, 영조는 김시찬을 흑산도에 위리안치하라고 명을 내렸다.

이 과정에서 이광좌는 억울하다며 단식을 하고, 영조는 결정을 못 내리던 중, 5월 26일 이광좌가 갑자기 죽게 된 것이다. 영조는 슬퍼하면서 영의정으로서의 예를 갖추라고 지시했다.

영상(領相)이 나라를 위하여 고심한 것은 내가 깊이 아는 바이다. 시기하여 배척하는 일을 여러 번 당하여 뜻을 펴지 못하였거니와 그가 행공(行公)한 것은 나라의 일이 어지러웠던 때이고 그가 임용된 것은 찬선(饌膳)을 물리치고 합문(閤門)을 닫았던 때에 지나지 않았는데, 이제는 끝났다. 구재(柩

영의정 김재로

우의정 송인명

材)를 가려 보내고 월봉(月俸)은 3년 동안 그대로 주고 예장
(禮葬) 등의 일은 규례에 따라 거행하게 하라.

영조는 여전히 이광좌를 싸고돌았다. 이때부터 15년이 지난
후인 1755년 나주괘서 사건이 나서야 이광좌의 관직이 추탈
되게 된다.

영의정 이광좌가 죽자, 정국이 또 바뀌어 노론 온건파인 김
재로가 영의정, 소론 온건파인 송인명이 우의정이 된다. 그런
데 이들 모두 이태중과 김시찬을 귀양에서 풀어줄 것을 계속
청했다.[25] 여기서 주목해야 할 점은 노·소론의 대표들이 이태
중의 중용을 건의하고 있다는 것이다. 김재로는 노론 탕평파
였고, 송인명은 소론 영수였다. 윤6월 25일 영조가 대신과 비

국당상들을 만난 자리에서 우의정 송인명이 이태중을 평안북도안렴사(按廉使)*로 삼을 것을 청하고 영의정 김재로도 거듭 추천했다. 송인명이 이태중이 고집스럽지만 사심이 없는 것을 몹시 칭찬하고 김재로도 같은 말을 했다.

> 나라에 경사가 잇따라 있어서 중죄인이 모두 사유(赦宥)받았으니, 청컨대 이태중·김시찬 등도 풀어주소서.[26]

우의정 송인명도 아뢰었으나 임금이 윤허하지 않았다. 영조는 대신들과 공방을 벌인 뒤에도 허락하지 않았다.

> 경등이 인재를 얻기 어렵다고 말하지만, 어찌 인재가 없는 것을 걱정하겠느냐. 왜 유독 이태중에게만 빨리 임용하라고 재촉하느냐.[27]

요지부동이었던 영조를 움직인 것은 7월 21일 우의정 송인명이 고 이광좌의 효행을 기리는 정포(旌褒)를 청하면서 이태중과 김시찬을 귀양에서 풀어줄 것을 청하니 그때서야 영조가 허락했다.

• 안렴사란 안찰사 또는 관찰사를 말함.

이광좌가 어찌 모두 선(善)하겠는가? 그러나 그의 효행이 탁이하다고 하고 또 삼사(三司)의 반열에 있었으니, 특별히 정포하도록 하라.

이태중은 1740년 5월 19일부터 7월 24일까지* 유배 생활을 하고 3개월 만에 풀려났다. 그렇지만 이광좌의 처리에 대해 영조의 처신이 공평치 못하다는 불만이 컸기 때문에 이태중은 그 후로부터 사헌부 교리, 부교리, 헌납, 지평, 헌납, 교리, 집의, 수찬, 교리, 부응교, 사간, 교리, 수찬 등 수많은 관직을 임명받았지만 상소를 내고 영조의 부름을 받지 않았다.

영조 역시 이태중을 의심했다. 1744년(영조 20년) 9월 15일에 영의정 김재로 등과 윤심형·이태중 등의 신공을 논의하던 중에 영조의 본심이 드러난다.

김진상·이진망처럼 출사(出仕)하지 아니하였다면 가할 것이겠으나 윤심형과 이태중은 오로지 당론만을 내었으니, 반드시 대훈(大訓)에 불만스러워서 그리하였을 것이다.

---

* 영조가 유배 해배를 허용한 것이 7월 21일인데, 석방한다는 의금부의 초기는 7월 24일이다. 윤6월이 사이에 있어서 3개월 유배 생활을 했다.

영조의 속마음이 이런 것처럼, 이태중도 출사의 뜻이 없었다. 1746년(영조 22년) 윤3월 2일 이태중이 사직상소를 올려 자신의 거조(擧措)에 대한 심경을 토로했다.

> 자신의 말이 행해지지 않으면 떠나고, 맡은 일을 잘할 수 없으면 중지하는 것이 바로 임금을 섬기는 공통된 의리인 것입니다. 따라서 떠나야 하고 중지해야 하는 의리가 환하여 분명합니다.

청나라 외교 압박 심하니, 해결해달라

영조는 비답을 내리는데, 이로부터 며칠 뒤인 윤3월 8일에 이태중을 독대한다.

영조는 1746년 윤3월 8일 밤에 이태중을 독대하고 진주서 장관으로 삼아서 청나라의 일을 마무리할 것을 명령했다. 자신의 면전에서 당당히 소신을 피력하는 이태중의 태도가 자신에 맞서는 것으로 보여 불쾌했지만, 청의 황제에게 조선의 사정을 호소할 수 있는 신하는 역시 이태중이었던 것이다. 하지만 이태중은 나가지 않았다.

"짐은 그대를 귀히 쓰려고 하는데, 왜 취임하지 않느냐?"

"소신은 벼슬에 뜻이 없습니다."

"벼슬에 뜻이 없다고 하지만 지금 조정이 매우 곤란한 사정에 처해 있다. 청나라가 외교적 압박을 심하게 하니 당신이 사신으로 가서 현안 문제를 해결해달라."

영조가 청의 건륭제 압박에 부담을 가졌던 문제는 무엇이었을까? 건륭이 황제의 자리에 오른 지 11년, 1746년에 청나라에서 청과 조선 간 책문을 설치한 곳을 30리나 조선 쪽으로 밀어내려 했다.

영조 독대 후 연경 사절단에는 참여
사신단 비리 제거, 조촐한 연행길

"망우초(芒牛哨)에 초소를 세우고 책문을 30리나 조선 쪽으로 설치하려는 문제는 기실 국경 문제인데, 종묘와 사직에 관계된 것은 아닙니다."

"이는 변우(邊憂)에 관계되는 일이니 힘써달라."

"나라를 위한 일이니 의당 다녀오겠습니다. 그리고 청의 요구를 물리치겠습니다."

이태중은 관직이라기보다 나라를 위한 일이니 사신 역할을 다하고 오겠다는 의미였다. 1746년 서장관으로 가면서 이태중은 그동안 궁중용 등으로 관행처럼 늘어났던 교역 물품을 규정대로 시행하도록 강력하게 단속했다. 사행길의 관행처럼 굳어진 비리를 막은 것이다. 사신단은 아주 간편하게 사행길에 올랐다.

이태중이 서장관을 맡아 연경에 다녀올 때 황재 등 여러 문인들이 보낸 편지가 그들의 문집에 남아 있다. 하지만 여전히 동료 선비들은 화이론이나 소중화의 의리나 공자의 세계에 빠져서 눈부시게 변화하는 청의 현실과는 동떨어진 얘기를 하고 있었다.

이태중은 북경의 유리창(琉璃窓)*에서 쏟아져나온 각종 서적에 놀라고 화려한 상가와 풍부한 물산, 각종 진귀한 보석과 골동품, 비단신과 비단옷을 입고 사는 생활상을 보면서 오랑캐 호족이라고 깔봤던 청나라의 번성과 국력을 실감했을 것이

---

* 북경의 유리창은 명나라가 황실을 북경으로 옮기기 위해, 서주 등 먼 곳에서 귀한 돌들을 운반해와 궁전을 건설하면서 조성됐다. 이때 궁 건축에 필요한 유리 기와를 만든 곳이라 해서 '유리창'이라는 지명이 유래되었다. 도서와 골동품, 서화, 문방사우의 집산지가 된 것이다. 북경의 유리창은 조선시대 때 사신들이 북경에 연행을 올 때 꼭 들렀던 곳이었다. 홍대용은 영조 41년(1765) 10월 연행을 다녀와서 남긴《담헌일기》에서 유리창에 대해 자세히 소개하고 있다.

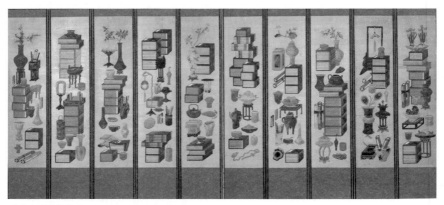

이택균의 〈책거리〉(통도사 성보박물관 소장)

다. 이때 송나라 역사서가 출판되어 많은 서적을 구해 가지고 왔던 것 같다. 집 안에 송나라 역사 서적이 남아 있었다고 전해졌다.

이태중은 영조의 희망대로 조선의 입장을 당당하게 청나라 조야에 설명하고 주장했다. 사신 임무를 성공적으로 마치고 돌아온 이태중은 다시 출사를 거부한다. 영조가 당당하게 정치를 하지 않으면 신하 노릇을 하지 않겠다는 것이다.

4장

의주 유배 그리고
다시 갑산 유배

종3품 의주부윤 임명 거절하자 의주로 다시 유배

1746년(영조 22년) 11월 겸보덕, 창원안핵어사에 서임을 받았
으나 응하지 않았다. 12월 11일 다시 호서안핵어사에 서임을
받았지만, 출사하지 않았다.

호서안핵어사 이태중을 파면하고 병조정랑 권승으로 대체하
였다. 처음 보은에 의옥(疑獄) 사건이 발생하여 이태중을 어
사로 차출하여 안핵하게 하였는데, 아산에 또 음옥(淫獄) 사
건이 발생하여 함께 안핵하도록 하였다. 그런데 이태중이 본
래 시골에 있으면서 출사하지 않았으므로, 누차 신칙을 하여
도 올라오지 않자, 특별히 파면하고 권승으로 대체하였다.

다음 해 1747년(영조 23년) 2월 27일 이태중을 보덕으로 삼는다. 이 역시 받지 않는다. 다시 5월 18일 동래부사에 승임되었으나 왜인과 개인적으로 원수진 일이 있다며 사직서를 올려 역시 체임했다. 며칠 뒤인 5월 29일 다시 종3품에 해당하는 의주부윤으로 임명되었으나 취임하지 않았다. 그러자 영조는 이태중을 다시 의금부에 구금하고 취임을 압박했으나 응하지 않았다.

결국 영조는 7월 20일 의주부윤 이태중이 여러 차례 명을 받들라 재촉했지만 끝내 명을 받들지 않았다며, 바로 그 지역에다 정배(定配)하라고 명했다. 유배인인데 의주부윤의 직책을 수행하라는 것이다.

의주부윤 이태중은 오늘의 하교가 바로 보외(補外)이고 보외 역시 투비인데 끝내 명에 응하지 않으니 일의 해괴함이 이보다 심할 수 없다. 국가의 기강이 있는 바에 엄히 처단하지 않을 수 없다. 법전대로 그 땅에 정배하라.

다음 날인 7월 21일 수찬 김상복이 멀리 보내지 말 것을 청한다.

이태중이 처음부터 끝까지 명을 어겼으니 죄를 주지 않을 수 없습니다. 그렇지만 그가 이미 삼사에서 공무를 집행하지 않았기 때문에, 감히 자급이 승진되어 웅주(雄州)에 부임하지 못하였습니다. 만약 싫어하여 회피한 율로 시행한다면 지나칩니다. 세도가 여기에 이른 것은 진실로 사대부가 작록을 가볍게 여길 수 없는 소치에 연유한 것인데, 이태중은 작록에 대해 구차하지 않을 수 있었으니, 이와 같은 신하가 크게 힘을 얻을 곳이 없음을 어떻게 알겠습니까? 비록 한때 책망하고 처벌하더라도 원하건대 멀리 버리지 마소서.

의주는 연행길에서도 묵었던 곳이지만, 이제는 유배 가는 목적지가 된 것이다. 김정호는《대동여지전도》에 9개의 줄기 길과 가지길을 표시했다. 서울을 중심으로 동래길, 해남길, 통영길, 봉화길, 충청수영길, 평해길, 강화길, 경흥길, 의주길이다. 이 중 의주길이 가장 첫 번째로 적혀 있다. 국가적으로 가장 중요하게 여겼기 때문이다. 명나라와 청나라로 사신들이 오가던 길이 바로 의주길이었다. 보통 사신단은 수행 인원까지 합하면 300~400명 수준이었고, 1년에 몇 차례 오갔다.

신경준의《도로고》에 따르면, 의주길은 서울에서 서북쪽으로 평안도의 의주에 이르는 길 세 번째라고 적혀 있고, 서울에서 홍제원을 비롯해 의주길의 주요 통과 지점과 거리가 적혀 있다. 거리는 걸음걸이로 측정했다. 300걸음이 1리였고, 30리,

의주 부근의 버드나무 방책 유조변

신경준의 《도로고》

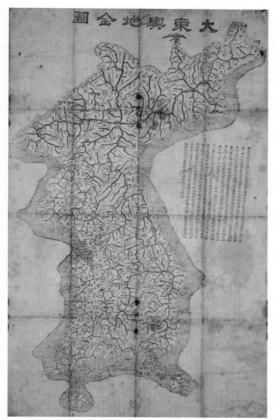

김정호의 《대동여지전도》

즉 9000걸음 후에 한 번 쉬라는 의미에서 한자 쉴 식(息) 자를
써서 1식이라고 했다. 조정이 만든 역원은 보통 30리, 즉 1식
마다 하나씩 세워 운영했다. 일반적으로 사람들은 하루에 90
리, 요즘 단위로 하면 대략 40킬로미터를 갔다고 한다.[28]

　국가 도로망의 핵심인 의주대로는 한양의 서북 지역으로 향

하는 교통로라 해 서북로, 관서 지역을 관통하므로 관서로, 의
주까지 향하므로 의주로, 중국을 오가는 사행들이 빈번하게
넘나들었으므로 사행로 또는 연행로라고 불렀다. 의주대로는
한양을 기점으로 종착지인 의주까지 총연장 약 1050리~1080
리의 교통·통신로였다.

　이태중은 1746년에 연행을 갔던 길을 1년 만에 유배길로 가
게 된 것이다. 단순한 유배가 아니라 의주부윤의 직책을 띤 유
배길이다. 경성, 홍제원, 고양, 파주, 장단, 개성, 평산, 서흥, 봉
산, 황주, 평양, 안주, 가산, 정주, 철산, 의주에 이르는 길*이다.

　의주는 청나라와의 무역으로 그래도 다른 지역보다는 물산
이 풍부했다.

학질에 걸려 유배 풀려나

그러나 흑산도, 영암, 갑산 유배에 이어 의주 유배로 이어지는
유배 생활로 건강이 망가져 당시에 유행하던 '죽을병'으로 알
려진 학질**에 걸렸다. 몸이 상해 죽을병이 걸렸다는 소식을

---

* 　신경준이 구분한 6대 간선로 체계도 중 제1로인 〈경성서북저의주로제일
　(京城西北抵義州路第一)〉.
** 　학질은 요즘의 폐질환 같은 것으로 그 당시에는 무서운 병으로 죽을병으로
　알려졌다.

듣고 영의정 김재로 등 대신들의 주청으로 귀향 조치가 내려졌다. 때는 1747년(영조 23년) 10월 14일 신미일이다. 영의정 김재로가 귀양 중인 이태중의 병이 위중하다고 아뢴 것이다.

"의주에 귀양 중인 이태중의 병이 매우 위중합니다."
"나는 처음에 이태중을 조선의 일개 괴물(怪物)이라고 생각했는데, 서장관이 되었을 때에 그를 보니, 외모는 작으나 사람은 괜찮았다. 윤양래가 일찍이 말하기를, '백성들이 태수(太守)에 대해 약간 사나우면 악(惡)하다고 여기고, 잠깐 느슨하게 하면 유(柔)하다고 여깁니다'라고 했는데 대개 그러하다."

영조 스스로 사람 보는 눈이 정확하지 않다는 것을 인정한 것이다. 또 좌의정 조현명(趙顯命)이 《대학》의 구절을 인용하며 임금에게 사람 보는 데에 편벽되지 않도록 더 살피라고 청하고, 영조가 또 이를 시인했다.

"《대학》에 이르기를, '그 친하여 사랑하는 것에 편벽되며, 그 천하게 여겨 미워하는 것에 편벽된다'라고 하였습니다. 전하의 한 마음으로 한 사람을 봄에 전후에 강·유, 선·악이 이와 같이 다른 것이 어찌 편벽된 것의 병폐가 아니겠습니까? 삼가 원하건대 더 살피소서."

"말한 것이 옳다. 이는 모두 나의 마음이 향하는 바를 따라 겉에 나타나는 것이 달라지는 것이다."

10월 15일 의금부에서 정배 죄인 이태중을 방송(放送)하라는 의금부의 초기[29]가 내려져, 이태중은 고향 삼산리에 내려왔다. 3개월 만이다.

대개 학질에 걸리면 죽는다고 하는데, 요행히 살아났지만 늘 지병으로 달고 살았다. 1747년 겨울을 간신히 견디고 있던 차에, 영조는 1748년 1월부터 응교, 부응교, 겸보덕, 응교 등 여러 차례 관직을 내리지만, 이태중은 응하지 않았다.

이태중은 그간 일관되게 말해왔었다. 당론, 당습이 아니라 "죄가 있는 신하를 벌주고, 강방하고 정직한 선비를 모아 대간에 배치해 광명한 치덕을 나타나게 해달라는 요청"이었던 것이다. 이태중은 1740년 갑산 유배 전에 상소를 올릴 때처럼 1748년 4월 12일 또 상소를 올린다.

6월 21일 영의정 김재로는 '남쪽으로 북쪽으로 귀양 다니면서 하위(下位)를 면하지 못하고 있는' 이태중의 처지를 설명한다.

영조, 실언 인정 "문자로 진걸할 수 없다"

"이태중이 본디 벼슬하지 않으려는 뜻이 없었습니다만, 단지 과거에 감히 들을 수 없는 하교*가 있었으므로 무릅쓰고 나올 수 없다고 합니다. 지금 그가 상소하여 진달한 것으로 인하여 지난 일은 지나치게 혐의할 필요가 없다는 뜻으로 개석(開釋)하신다면 나올 수 있을 것입니다."
"그때의 하교는 내가 과연 실언하였다. 그러나 어떻게 문자로 드러내어 진걸(陳乞)할 수 있겠는가?"

영조는 구두로는 실언을 인정하면서도, 비답을 내리지 않았다. 당시 사관은 다음과 같이 기록하고 있다.[30]

이태중을 끝내 버릴 수 없어 대신이 나라를 위하여 천인(薦引)한 것은 옳은 일이다. 그러나 신하 하나를 나오게 하는 길을 만들기 위해 감히 임금에게 비답을 내리라고 청한 대신은 실언했다.

• 이태중의 상소 내용이 당습이고, 삼사를 앞세워 조정을 흔드는 것이라고 엄중 경고하면서 갑산 유배를 보냈던 영조의 교지 내용.

이때 비로소 영조는 서용하라는 명을 내리면서 승지에 초배(招拜)했다. 6월 21일이다. 하지만 이태중은 6월 23일 다시 상소를 올린다. 당시 형조참의였던 김상적은 이태중을 즉시 패초(牌招)하기를 청하지만, 대사성 정익하가 이태중의 병이 몹시 심하다고 고하는 바람에 넘어간다. 다시 영조는 7월 2일 이태중에게 병조참지*를 내린다. 하지만 이태중이 올라오지 않자, 7월 5일 병조에서는 새로 제수된 참지 이태중을 패초(牌招)할 것을 묻는다. 이태중이 나아가지 않자, 11월 5일에는 동부승지**로 임명했다. 그리고 한양으로 빨리 올라오라는 교지가 여러 차례 내려갔다. 서임을 미루자 11월 13일에는 우부승지로 임명했다. 여전히 한양으로 올라오지 않자, 11월 25일 이번에는 동래부사로 임명한다. 이태중은 또 미루고 받지 않았다. 1749년 2월 21일 공조참의, 3월에는 호조참의를 내리지만, 이태중은 상소를 내고[31] 받지 않았다. 의금부에서 나래(拿來)해올 것까지 논의가 되었고, 이로 인해 한양으로 올라왔는데, 다시 이태중을 이번에는 비국부제조로 임명하니 그날로 또 상소를

• 병조에 속한 정3품 벼슬. 정원은 1명이며, 병조참의와 품계는 같지만 참의의 다음 자리이다. 주로 추고속(속죄의 대가로 받던 포)과 유청군액속[유청군으로 번(番)을 서지 않는 대신 내던 군포]의 수납과 지출을 관장했다.
•• 조선 시대 승정원의 정3품 당상관. 도승지·좌승지·우승지·좌부승지·우부승지·동부승지 등 6승지를 말하며, 왕명의 출납을 담당했다.

하고 고향으로 돌아가 끝내 벼슬을 받지 않았다. 영조는 여전히 벼슬자리로 종 부리듯 하고 있었다.

결국 이태중은 1749년(영조 25년) 6월 4일 체포되어 의금부에서 심문을 받게 되고,[32] 7월 12일 갑산으로 유배를 당함과 동시에 갑산부사로 임명된다.[33] 최악의 유배지이자 9년 전에 유배 생활을 했었던 곳, 갑산으로 다시 유배를 떠나게 된 것이다.

계속 출사 거부하자 갑산 유배 겸 갑산부사

갑산은 서울에서 1400리. 15~16일 걸리는 거리를 또 달려 올라가야 했다. 학질에 걸려 병을 치료하던 이태중이 하루 평균 90리를 달려야 했으니, 절대왕권하의 신하의 운명이란 그야말로 바람 앞의 등불이었다.

갑산부사로서 이태중이 어떤 시책을 펼쳤는지를 알 수 있는 자료는 안타깝게도 남아 있지 않다. 하지만 자신은 호의호식하면서 곤궁한 생활을 하는 백성들의 생활을 외면했을 리 없다. 이태중은 굶주리는 백성들을 적극 구제하고 개간 작업을 독려하고 권리를 보장했을 뿐 아니라 군관, 아전, 사령 등의 토색질을 엄하게 단속했을 것이다.

11월 4일, 우의정 김약로가 이태중의 천거를 다시 거론했다.

이태중이 그때는 실제로 병이 있어서 소임을 받지 못해 피했지만, 안타깝게도 인재이니, 소환하여 출사하게 하시면 어떠실는지요.

12월 4일부터 이태중에 대한 평가가 조정에서 거론이 되고, 임무를 바꾸자는 의견이 제기되었다. 인재들이 출사에 나서지 않자, 1750년(영조 26년) 1월 5일 영조는 대신과 비국당상을 인견해 인재의 천거 등을 논의했다. 이 자리에서 좌의정 김약로가 이태중과 윤봉오를 방백(方伯)⁎으로 추천했고, 영조도 이태중이 지방관으로서 백성 구제와 부패 척결, 병역, 조세 비리를 엄단하면서도 청렴한 그에 대한 선비 사회의 중망과 세평을 눈여겨보게 되었다.

서지수·정실·이명곤 등도 쓸 만하고, 이태중은 방백으로 삼아 쓸 만하며, 윤봉오 역시 방백으로 쓸 만한 그릇입니다.

⁎ 조선 시대의 지방 장관. 종2품 벼슬로 각 도에 한 명씩 두었는데, 관찰사를 말함. 도내의 행정과 군사 업무를 통제하고 관할하는 등 경찰권, 사법권, 징세권 따위의 행정상 절대적 권력을 가졌다.

영조는 1750년 1월 5일 지방직 중에서 가장 선망한다는 전라관찰사(종2품)에 이태중을 임명했다. 갑산으로 두 번째 유배간 지 5개월 만이다.

전라관찰사 임명에도 사직상소 올려

하지만 역시 이태중은 사직상소를 냈다. 의금부 감옥에 갇혀 대명(對命)을 기다리면서도 왕명에 응하지 않았다.

이렇게 되자 그동안 이태중의 사직상소에 대해 색안경을 끼고 보았던 소론의 강온파, 노론 강온파 모두 이태중의 강직한 태도를 칭송하기 시작했다.[34] 의금부에 가둬 취임하기를 요구했으나 그가 끝내 벼슬을 받지 않는 것은 무슨 까닭인가. 처음에 당파적 의리나 체면 때문에 벼슬에 나가지 않는다고 여겼으나 그의 깊은 뜻은 그게 아니었다. 영조가 비록 자신을 '괴물'로 지적했지만, "신의 신 됨은 진실로 하나뿐"이라며, 그간 상소한 내용들이나 언행이 진실했다는 것을 항변한 것이다.

1750년 3월 26일 영조는 이태중을 전라관찰사에서 좌천시켜 진도군수로 삼고 유배를 보낸다.

5장

진도 유배

진도군수 겸 유배 다시 보내

전라도관찰사는 관료들의 꽃보직이었다. 호남평야를 관장해서 기근 걱정이 적고 인심이 풍족해서 다른 지방관과는 비교가 되지 않았다. 그런 보직을 마다하는 것은 강한 의지와 선비의 품성이 없고서는 불가능한 일이었다.

이렇게 되자 이태중의 청렴 강직과 백성 사랑, 빈민 구제, 군역과 징세 비리의 발본 색원 등의 태도를 높이 평가하는 분위기가 퍼졌다. 영조도 상신들과의 논의 자리에서 이태중을 거론하고 대신들이나 삼사의 인사권을 쥐고 있는 전낭들도 천거 1순위로 이태중을 꼽았다. 조카 이윤영이나 이인상 등 서지문회(西池文會)를 비롯한 사색당파를 넘어선 각 방면에서 이태중에 대한 칭송이 넘쳐났다.

하지만, 1750년 3월 26일 이태중은 이번에는 진도로 유배를 가게 됐다. 진도는 함경도의 갑산, 경상도의 거제도, 제주도와 함께 유배인이 가장 많이 간 곳이다. 그리고 이태중이 처음 유배를 가게 된 계기가 된 것은 신임옥사의 무고 주장이었는데, 그 당사자인 조태채가 유배된 곳이고, 김수항이 유배되어 그의 아들 김창협, 김창흡 부자가 함께 유배 생활을 했던 곳이기도 하다.

선조 이치도 유배당했던 진도

그리고 이태중의 선조인 사헌부감찰을 역임한 이치(李稺)가 유배 생활을 했던 곳이다. 이치는 할아버지 대사성 이우의 손자이며, 이산해*의 할아버지이기도 하다. 이치가 진도에 유배를 온 해는 연산군 10년(1504)인데 찬성을 지낸 작은아버지 이파와 함께 폐비 윤씨 문제에 연좌되어 진도로 유배되었다가, 1506년 중종반정 이후에 풀려났다. 이치**와 같이 진도에 유

---

* 조선 중기 문신(1539~1609). 두 번 영의정에 올랐다. 신동으로 불렸으며, 문장에 능해 선조조 문장팔가(文章八家)의 한 사람으로 불렸다.
** 1507년(중종 2년) 사마시에 합격, 학행으로 천거되어 금오랑에 제수되었다.

배됐던 이창신은 진도에서 죽고, 윤필상은 사약을 내리자 자
결했으며, 이치와 홍언필은 후에 석방되었다.

그런 진도 땅으로 이태중이 유배를 오게 된 것이다.

황재의 바깥채에서 유배 생활 겸 진도군수 시작

황재(黃齋, 1689~1756)가 쓴 기록[•]을 보면, 이태중은 진도에 있
는 황재의 집 바깥채의 방에서 기거한 것으로 나온다.

> 곽생(郭生) 천화(天和)가 와서 묵었다. 이자삼(李子三, 이태중)
> 의 시 여러 폭을 가져왔기에 펼쳐보았더니 그 사람을 대면한
> 듯하였다. 이 영감은 연전에 전라감사를 사양하다 귀양살이
> 를 할 때 내가 우거하던^{••} 집에서 객살이를 했었다. 그때 곽
> 생이 나와 서로 의지해 지냈다는 이유로 잘 접대하여 마침내
> 이런 시폭을 받게 된 것이었다. 이 영감은 전라도관찰사를
> 극력 사양하다가 이제 막 의금부에 가서 조사를 받았다. 이
> 제 그의 시를 보니 더 그리워졌다.

한성부참군·사헌부감찰을 지냈다. 효성이 지극했고, 조금이라도 사사로운
재물을 탐닉하지 않았다고 전해진다.
• 황재의 저서《경오연행론》1750년(영조 26년)에 이태중 관련 기록이 있다.
•• 임시로 살았던 집을 말한다.

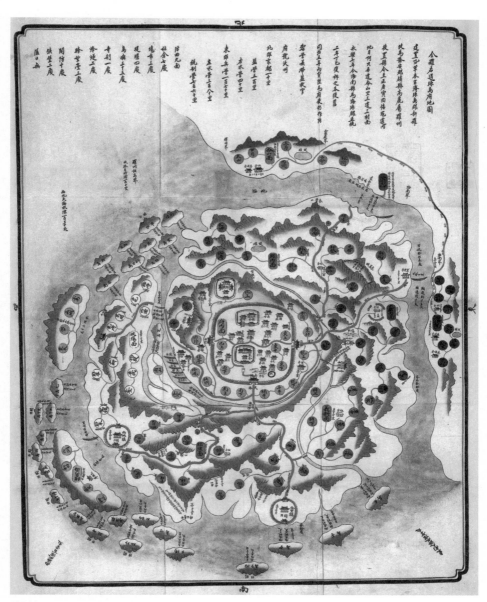

진도부(규장각 한국학연구원 소장)

황재는 5언 율시를 지어 마음을 표현했고, 7언 율시 1수를 지어주면서 "내 시는 이 영감(이태중)의 시에 못 미치네. 들려줄 수는 있지만 써줄 수는 없네"라고 하여 곽군은 할 수 없이 시를 다 외우고서야 자리를 파했다고 한다.

이태중은 진도군수 겸 유배의 명을 받아 진도군의 일을 살피면서 유배인으로서 생활해야 했다. 그러니 당연히 군수가 거처하는 관아에 기거하지 않고 유배인으로서 일반 가옥에서 거처했던 것이다. 이런 생활을 '객살이'라고도 부른다.

진도군수 겸 유배 생활은 비록 5개월에 지나지 않았지만 진도 지역민들은 이태중을 봉암서원˙에 모셔 제향을 지냈다. 이는 그가 진도군수로 있으면서 향교 등을 정비하고 군역과 세정을 바로잡고 과부와 노인들에 대한 빈민 구제에 힘썼다는

˙ 진도에 있었던 유일한 서원으로, 진도에 귀양살이를 하던 유학자들이 진도 군군민에게 글을 가르쳤는데, 이들을 기리기 위해 서원을 세워 모시는 전통이 생겼다. 1546년에서 1565년까지 19년 동안 진도에서 유배 생활을 했던 이들을 위해서 1602년에 세워졌는데, 진도군 지산면 안치리에 위치하고 있다고 기록되어 있다. 1759년에 간행된 《여지도서》 진도 〈단묘(壇廟)〉 항목에 처음으로 봉암서원이 나온다. 1791년의 《진도군읍지》에 따르면 원생이 60명이었다고 하고, 1864년 고종 때 서원이 철폐되면서 사라졌다고 한다. 추배된 인물은 이태중을 비롯해서 정홍익, 이경여, 김수항, 이민적, 신명규, 남이성, 조태채, 조득영 등 10인이다. 2012년에 봉암서원 복원 정비 사업(진도읍 동외리 597번지 일원)을 추진하다 중단되었는데 2019년에 다시 추진 중이다.

것을 반증한다.

그도 그럴 것이 임인년 옥사가 무고였다는 사실을 말하다가 흑산도 유배를 간 이태중이 사대신 중 한 사람인 조태채가 남긴 시[35]를 간과하지 않았을 것이다. 조태채는 가혹한 세금으로 신음하는 진도의 실상을 시로 남겼는데, "수령의 탐욕을 채우느라 관아 재정은 열악해지고 공물로 귤을 바치느라 나무가 얼마 남아 있지 않으며, 세금을 마련하기 위해 면포를 짜서 시장에 내다파니 옷이 없고, 어염전 절수와 정부의 어선에 대한 어세 징수로 어업인이 큰 피해를 입고 있다"고 쓰고 있다. 이런 진도의 실상이 이태중의 눈에 들어오지 않을 수 없었을 것이다.

진도는 유자와 귤이 특산물이고, 해산물이 풍부하며, 보리밭 농사가 발달한 곳이었다. 또한 서당을 통한 교육과 시서 독서에 열중했고, 무속과 소리에 심취했다고 유배인들은 보았다.* 이렇듯 물산이 풍부하기 때문에 탐관오리의 폐해를 없애고 잘못된 세정을 바로잡는다면 얼마든지 진도민의 생활을 낫

---

* 1721년에 진도에 유배 온 조태채는 〈영진도(詠珍島)〉라는 시에서 무속에 의지해 의약을 쓰지 않고, 선비를 귀하게 여겨 시서가 있으며, 어촌의 고기잡이 이익이 높고 방언을 알아듣기 어렵다고 했다. 또 〈도중장시(島中場市)〉라는 시에는 읍내장이나 외촌장이나 모두 월 3회 열리는데, 채소·과일·떡·엿·어물·소금·조·포목 등이 매매되고, 산속 승려들은 짚신을 팔고, 주막은 막걸리를 팔았다고 되어 있다(김덕진, 〈유배인이 남긴 진도 지역정보〉,《호남문화연구》43, 2008, 호남학연구원).

벽파정. 옛 자리에 2016년 새로 지었다.

게 해줄 수 있었을 것이다. 짧은 유배 생활이었지만, 진도민들
이 이태중을 봉암서원에 모셔서 제향을 할 정도라면 어떻게
치세를 했는지 명약관화한 일이다.

벽파정이 으뜸…… 유배 시 많아, 이태중 시 전해져

해남에서 진도로 들어오는 나루터는 녹진과 벽파진 두 군데였
다. 이 가운데 주요 나루터는 벽파진이다. 벽파진에는 사신을
맞고 보내기 위한 벽파정이라는 정자가 있었다. 1207년(고려

김창흡

희종 3년)에 건립되어 1465년(세조 11년)에 중건되었다고 하는
데, 사라진 시기는 알 수 없다. 벽파정은 정유재란 때 이순신이
명량해전을 승리로 이끌기 직전에 잠시 머물렀던 곳으로도 유
명하다.

　벽파정은 사방이 탁 트이고 맑은 바닷물이 흘러 경치가 아
름다운 곳으로 이름이 나 있다. 그 시대 관리들이 자주 찾던 명
승지였던 것 같다. 진도를 거쳐간 유배인들도 아름다운 경치
를 시로 읊어 남겼다. 아버지 김수항을 따라온 김창흡도 〈청명
석망(淸明夕望)〉이란 시를 썼다.

　벽화정에 대한 이태중의 시도 전해져 내려오고 있다.[36] 당시
순찰사 유영숙과 아사동헌에서 벽파정을 읊은 칠언율시이다.

이충무공 대첩비. 1956년에 건립되었다.

잠시도 쉼 없이 이곳을 찾아왔네

수림 우거지니 맑고 푸르른 유자숲이라

부귀영화 얻으려 분주함은 도랑 속 사슴 같고

인생이란 바람결에 떠다니는 물 위의 말풀 같구나

팔월의 등조 때는 충무공대첩 해협 생각 나고

삼별초의 위왕성은 천년 세월 속에 묻혀버렸구나

애주의 자랑 전촉도 파도 위에 아름다운 벽파정만 못하네

北去南來不晢　　杉木纔 過橋林淸

浮榮草草隍中鹿　危跡飄飄水上萍

八月湖高忠武海　千年雲掩 僞王城

涯州最大多前躅　欲間波頭一古停

　그 당시 선비들의 시에 넘쳐나는 대명의리나 소중화 의식
대신에 우리 역사, 삼별초와 이순신에 대한 숭모 그리고 인생
의 무상함과 부귀영화가 뜬구름 같다는 것을 토로하고 있다.

학질 도져 유배 생활 접어
영조, 잘못 뉘우치고 있다는 것을 묘당에 알리라 전함

하지만, 이태중은 이곳에서도 학질이 재발해 유배 생활을 계
속할 수 없게 되자 대신들이 상주(上奏)해 5개월 만에 귀양살
이에서 풀려났다. 1750년 8월 27일이다.

　영조는 9월 20일 다시 간곡하게 이태중을 불러 병조참의를
제수하면서 조정에 나와 국정을 함께하자고 권유했으나 며칠
뒤에 사직소를 올리고 고향에 내려갔다.

　이때 영조는 대신들에게 이태중이 이런 태도를 취하는 것은

"나의 지난날의 처사가 잘못된 데서 비롯됐는데, 내가 잘못을 뉘우치고 있다는 것을 묘당에 알리고 전하라는 말을 수십수백 번이나 하였다"고 《승정원일기》는 기록하고 있다.[37]

다시 황해도 지역에 홍수가 나고 질병이 창궐하자 영조는 1750년(영조 26년)에 다시 이태중을 거듭 불러 황해도에 한발이 극심해 백성들의 고통이 촌각을 다투니 백성을 구제해달라고 부탁한다. 이에 이태중은 백성 구제에 힘쓰겠다고 말하고 황해도에 올라가 산간벽지, 해변을 직접 다니면서 재민을 위로하고 각 고을마다 장막을 치고 죽을 쑤어 굶주리는 이재민과 걸인들을 위무했다.

2부

영조 탕평책의 앞뒷면

1장

영조를 둘러싼 안팎의 정세

어느 시대나 권력을 쥐고 있는 자는 기본적으로 간(諫)하는 신하를 경계하고 좋아하지 않는다. 절대 왕조 시대의 왕은 더 말할 나위가 없다. 특히 영조는 임금의 행실과 조정의 정책을 간하는 일을 자기 임무로 하는 간관에게 가혹했다. 왜 이태중을 흑산도와 같은 절해고도에 위리안치시키고, 춥고 매서운 칼바람과 눈발을 맞도록 갑산, 의주에 유배를 보낸 것인가.

반면, 영조와 같은 해에 태어난 이태중은 임금의 정책이 무엇이 문제여서 덕스럽지 못하다고 비판하는 것인가. 이태중은 흑산도, 영암, 갑산, 의주, 다시 갑산 그리고 진도 등지에서 유배 생활을 했다. 또 총 58차례 관직 임명 중 대외 외교 역할의 서장관, 기근·질병 등 백성 구제로서의 황해도관찰사, 평안감사, 호조판서 등 5~6개 관직 외에는 50여 차례에 걸친 관직

임명에 응하지 않았고, 20여 년간 대개 결성현 삼산마을에 있다가 의금부에 갇히면서까지도 사직상소를 냈다.

이런 점들을 이해하기 위해서는 우선, 영조를 둘러싼 안팎의 정세에 대한 자세한 분석이 필요하다.

조선, 각종 옥사로 몸살……
청나라, 강희제 치세로 급 발전

조선 사회는 명망 있는 조정 대신들과 촉망받는 선비들을 수십 명씩 죽이는 각종 옥사가 끊임없이 일어나면서 선비 사회가 연산, 중종 시대처럼 다시 은둔과 벼슬하지 않는 풍토가 조성되고 있었다. 숙종, 영조 시대에 들어와서도 병자호란을 둘러싼 대명의리론은 소중화 건설 등으로 여전히 맹위를 떨치고 있었다.

그러나 숙종 시대에 장길산 등 의적과 도둑들이 한양과 경기도, 황해 일원에 근거지를 만들고 반란을 실제로 진행했던 것은 그 당시 조선 사회의 모순이 폭발할 정도로 백성들의 삶이 고달팠고, 각 지방 수령 방백들의 토색질이나 군역의 피해가 컸기 때문이다. 양란 이전에 창궐하던 삼정의 문란°도 전쟁 시기를 거치면서 개선될 법하건만 군역의 폐해와 조세의 각종

악습이 지방관들의 토색질과 맞물려 심각해지고 있었다.

조선의 이런 현실과 다르게 청나라는 강희제의 치세를 통해 상전벽해 같은 발전을 하고 있었다. 한족을 과거제로 포섭해 다수파의 불만을 흡수하고, 상공업 장려를 통해 신흥 세력을 양성하면서 조세 기반을 확충해 군사력을 증강할 수 있었다. 이런 강희제의 정치적·경제적 기반이 조성되어 북방, 중앙아시아, 티베트, 남방 지역의 영토를 확장해 최대의 제국을 세웠다. 또 선교사 등을 통해 적극적으로 서양의 과학 문물을 흡수했다. 절대왕정의 서양은 영국의 명예혁명(1685), 프랑스대혁명(1787~1799)으로 요동치면서 급속한 자본주의적 발전이 진전되고 있었다. 아프리카, 아메리카, 인도에 대한 식민지 수탈과 노예무역, 중국의 차와 도자기, 인도의 사탕수수 등으로 부

• 삼정은 전정(田政), 군정(軍政), 환정(還政) 세 가지 재정 행정으로, 이곳에서 거둬들이는 전세, 군포, 환곡을 말한다. 그런데 관리들의 부정부패가 극심해지면서 삼정이 문란해졌다. 임진왜란과 병자호란 등을 겪으며 많은 농민들이 경작지와 가족을 잃어 생산력이 크게 줄었으나 토지를 결수로 정리한 양안과 군역 대상자를 호별로 정리한 군안에는 이런 사회적 변화가 반영되지 않았고, 군현별로 할당된 세금 총액이 그대로 유지되었다. 결과적으로 조세의 부담이 크게 늘었다. 게다가 지방 수령의 부정부패와 탐욕으로 죽은 사람이나 어린아이에게 군역을 징수하거나 부농이 뇌물로 군역에서 빠지면 빈농이 대신 채우는 모순이 발생했다. 원래 10%였던 환곡의 이자도 30%까지 늘어 농민들을 괴롭혔다. 삼정의 문란은 신분제의 해체와 맞물리며 19세기 농민 항쟁의 주요 원인이 되었다.

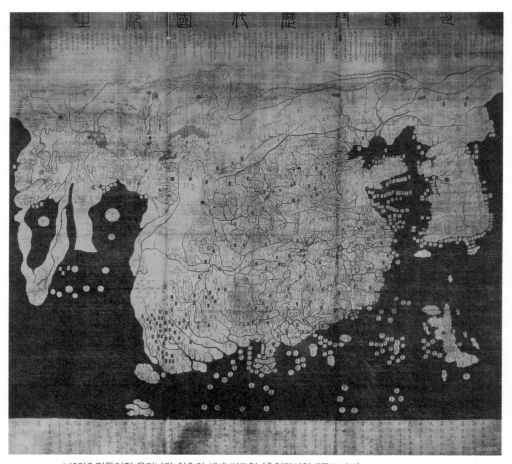

1402년 만들어진 우리나라 최초의 세계 지도인 〈혼일강리역대국도지도〉

를 축적한 영국의 자본가들은 방직 기계의 개량을 통한 산업 혁명(1760~1840)에 의해 더욱 도약하고 있었다.

46년에 걸친 장기간의 숙종(재위 1674~1720) 시대와 52년 장기 집권한 영조(재위 1724~1776) 시대는 청나라의 강희제(재위 1661~1722)와 옹정제(재위 1772~1735) 시대로 청나라의 중원 지배 체제가 굳건하게 뿌리내리면서 청나라를 눈부시게 변모시키던 시기였다. 조선의 각종 사신들이 연경 사절단으로 왕래하고 있었고, 숙소였던 옥하관 근처에 천주교의 남당과 동당의 성당•과 도서관이 있어서 교류의 기회가 많았다. 그러나 서양 문물과 접촉할 기회를 놓치고, 조선은 철저하게 외부 세계와 차단된 채 시대착오적인 대명의리를 코에 걸고 있었다. 양란 이후 조정에서는 신하들의 명줄을 붙였다 떼는 일이 다반사로 벌어졌다.

• 연경에는 4개의 성당이 있는데, 가장 먼저 건립된 남당 성당은 1601년 마테오 리치가 명의 신종에게 선무문 안의 땅을 하사받아 1605년 건립했다. 그다음이 동당 성당인데 1628년 청나라 때 건립되었고, 1703년에는 북당 성당이, 1723년에는 서당 성당이 건립되었다. 이 중 남당과 동당 성당은 조선 사신들의 숙소인 옥하관에 가까이 있었기 때문에, 1644년 소현세자를 비롯해 1631년 정두원, 1720년 이명, 1765년 홍대용도 방문했다. 특히 홍대용은 청나라의 도서관과 성당을 방문한 기록을 연행록에 남겨놓았다. 북당 성당은 한국 천주교회 창설의 직접적 계기가 된 곳으로, 1784년 이승훈이 그라몽 신부에게 베드로란 세례명으로 영세를 받고 귀국해 교회 창설을 주도하게 된다. 북당 성당을 제외한 3개의 성당은 1900년 의화단 사건 때 파괴되었다가 남당 성당과 동당 성당은 새로 건립되었다.

청나라 옹정제, 민생 안정……
조선 양반, 자리 보전에 급급

청나라의 옹정제는 영조가 국왕에 즉위한 1724년보다 2년 빠른 1722년에 즉위했다. 옹정제는 부친 강희제의 장기간에 걸친 집권을 통해 쌓은 튼튼한 치적을 물려받았다. 강희제는 집권 초기에 삼번의 난*을 진압하고 청의 관료제 정착에 힘쓰면서 각종 민생 안정책을 착실하게 다져나갔을 뿐만 아니라 외부 세계와의 적극적인 교역을 통해 부강한 국가의 기초를 닦았다. 물론 옹정제 역시 넷째 왕자로서 왕위 승계가 평탄하지 않았다. 또한 장기간에 걸친 강희제의 집권은 필연적으로 부패 세력을 키웠다. 왕실과 연계된 부패 세력들의 끈질긴 저항으로 내정의 정비 과정에도 숱한 고비가 있었다.

하지만 명나라의 복벽 세력이 명을 재건하리라는 조선의 관

---

* 중국 청나라 초기 오삼계·상가희·경계무 등 세 번왕이 일으킨 반란. 오삼계는 원래 명나라 장군이었으나 청에 투항한 후 평서왕에 봉해져 운남 지역을 다스렸다. 상가희는 평남왕으로 광동을, 경계무는 정남왕으로 복건을 각각 다스렸는데 이들을 합해 삼번이라고 했다. 그중 오삼계의 세력이 가장 강력했다. 1673년(강희 12년) 청 조정이 철번을 단행하자 오삼계는 반란을 일으켜 다음 해 스스로 주왕(周王)이라 칭했으나 1678년 병으로 죽고, 그의 손자 오세번이 귀양에서 제위를 계승했으나 1681년 패전함으로써 반란이 평정되었다.

강희제   옹정제

측과는 달리, 청나라는 소수의 만주족을 기반으로 중원 천지
를 장악했고, 세계 최대의 제국으로서 탄탄한 기초를 쌓고 있
었다. 조선으로부터 북쪽 오랑캐라고 멸시받았던 청나라는 서
양의 문물을 섭취하는 데에도 주저하지 않았다. 경제도 비약
적으로 발전해 민생이 안정되고 있었다.

　반면, 조선은 자리 보전에 급급했다. 소현세자의 왕조 개혁
의 꿈을 좌절시킨 인조(재위 1623~1649)는 피비린내 나는 골육
상잔 끝에 자신의 왕권을 유지하는 것으로 만족했다. 소현세
자가 제거된 뒤에 왕위에 오른 소현세자의 동생인 효종(재위
1649~1659)은 병자호란과 삼전도의 굴욕에 대한 '복수'가 광
범위하게 공감대를 형성했지만, 내용 없는 공허한 북벌론에

소현세자   숙종

매달려 시간을 허비했다. 그나마 안정된 왕권을 장악했던 숙종은 자신의 절대왕권을 틀어쥐는 데에만 관심이 있었고, 신하들은 재조지은(再造之恩)과 대명의리 속에서 자신들의 기득권을 확대하기에 여념이 없었다. 유교의 이론은 사단칠정론(四端七情論)에서 한 걸음 더 나아가 호락논쟁(湖落論爭)*처럼 정치해지고 있었지만, 백성의 삶과는 거리가 멀었다.

민생은 도탄에 빠지고 장길산 같은 의적이 전국 각지에서 떼를 지어 출몰했지만 조선은 여전히 반도에 갇힌 왕실과 양반들의 별유천지(別有天地)였다. 민생을 안정시키고 산업 진흥을 꾀하면서 대외무역을 강화해 조선의 입지를 다졌어야 했는데 그러지 못했다.

• 조선 후기 노론 계통의 학자들 사이에서 사람과 사물의 본성이 같은가 다른가를 놓고 벌였던 논쟁.

2장

경종과 영조의 약점 닮은꼴

어머니 문제······ 장희빈과 숙빈 최씨

경종(재위 1720~1724)은 33세의 젊은 나이에 조선의 제20대 왕위에 오른다. 1720년이다. 경종이 왕세자로 책봉된 것은 3세 때였다. 왕세자 자리에 무려 30년이나 있었다. 또 경종이 대리청정을 한 것은 숙종의 지병이 악화되던 1717년이다. 대리청정도 4년여 동안 했다.

겉으로 보면, 살아 있는 왕위가 계승되어 경종의 왕위 기반에 문제가 없어 보인다. 하지만 그런 그에게 약점이 있었다. 어머니 장희빈이 중인 역관의 딸이라는 신분 문제뿐만 아니라 폐위되고 사사되었기 때문에, '장희빈의 아들'이라는 굴레가 컸다. 장희빈이 사사된 시기가 1701년으로, 경종의 나이 17세 때이다.

경종   연잉군(21세 때의 초상)

그런 그를 곱게 볼 선비들이 아니었다. 1689년(숙종 15년) 경종이 원자(元子)로 정호된 뒤 1690년 3세 나이에 세자로 책봉되는 과정에서 송시열 등 노론의 반대에 부딪혔다. 간신히 소론의 지지를 받아서 책봉됐다. 그렇기 때문에 경종은 언제든지 세자에서 밀려날 것이라는 불안감이 컸다. 장희빈에 대한 불신이 아들로 이어질 거라는 우려 때문에 숙종이 승하하기 전에 숙빈 최씨의 아들 연잉군으로 후사가 바뀔 것이라는 두려움에 빠지기도 했다. 실제로 그런 분위기가 강했었다. 그런데 숙종이 세자를 바꾸지 않고, 경종에게 대리청정을 시킨 것이다.

경종이 장희빈의 아들이라는 굴레가 컸다면, 영조는 미천한 종, '침방나인의 아들'이라는 굴레가 컸다.

영조의 생모는 숙빈 최씨(淑嬪 崔氏)로《조선왕조실록》에 따

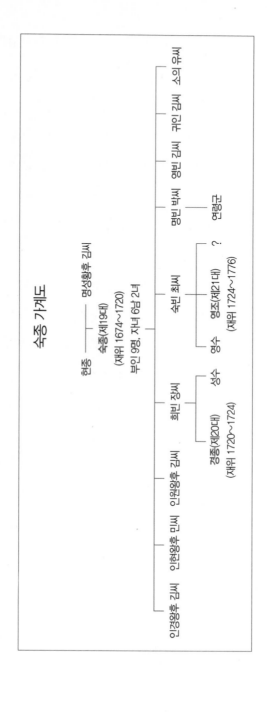

숙종 가계도

현종 ──── 명성황후 김씨
숙종(제19대)
(재위 1674~1720)
부인 9명, 자녀 6남 2녀

인경왕후 김씨   인현왕후 민씨   인원왕후 김씨   희빈 장씨   숙빈 최씨   명빈 박씨   영빈 김씨   귀인 김씨   소의 유씨

희빈 장씨
성수   경종(제20대)
(재위 1720~1724)

숙빈 최씨
영수   영조(제21대)   ?
(재위 1724~1776)

명빈 박씨
연령군

르면, 1676년(숙종 2년) 7세 때 생각시로 입궁하게 된다.* 생각
시들은 견습 나인으로 교육을 거친 다음 15세가 되면 관례를
치르고 정식 나인으로 독립했다. 그러므로 숙빈 최씨가 침방
나인을 거쳤다면 7세 때 궁에 들어와 인현왕후 폐출 1년 전쯤
내전에 배치되었을 것이다. 정식 나인이 되면 항아님이라 불
리고 내명부의 하급 품계를 받는다. 그러므로 최씨가 인현왕
후를 위해 몰래 음식을 차리고 방에서 기도를 드렸다면, 무수
리가 아니라 나인 신분이었을 것이다.

1690년(숙종 16년) 6월 원자 이균(경종)을 세자로 책봉하고,
10월에는 희빈 장씨를 중전으로 책봉하는 등 승승장구하던 경
종과 장희빈에게 최대의 경쟁자가 나타난다. 숙빈 최씨인 것
이다. 1692년 4월 22일 밤, 23세의 최씨는 숙종의 성은을 입어
다음 해 영수를 낳았는데 두 달 만에 죽고, 1694년 이금(연잉
군)을 낳게 된다. 영조는 '종'이라는 단어를 매우 싫어하고, 누
비옷을 입지 않았다고 한다. 침방나인이었던 어머니를 생각했
기 때문이다.

경종이나 영조 모두 어머니라는 존재가 힘이 되어주지 못하
고 굴레가 되어 두 사람의 발목을 잡았던 것은 비슷하다.

• 보통 지밀나인은 4~5세, 침방과 수방은 7~8세, 나머지는 13~14세 때 선발
  되는데, 주로 가난한 평민 출신이거나 부모를 일찍 잃은 고아들이 대상이
  었다.

왕의 취약한 기반이 당파 간 싸움 부추겨
경종 후계 문제로 노론과 소론 대립

경종은 어머니 문제에다가 후세가 없다는 약점이 컸다. 경종의 비 선의왕후 어씨가 젊은 나이인 데도 왕자를 생산하지 못하자, 후계를 둘러싸고 노론과 소론 사이에 격렬한 투쟁이 벌어진 것이다.

선의왕후는 소현세자의 손자인 밀풍군의 아들 관석을 입양해 후계를 삼고 싶어 했다. 반면 노론의 영의정 김창집, 좌의정 이건영, 판중추부사 조태채, 호조판서 민진원 등은 경종의 배다른 동생 연잉군(영조)을 후계자로 삼으려 했다. 이 과정에서 노론은 경종에서 연잉군으로 바꿀 기회를 노렸고, 소론은 경종 지키기에 심혈을 기울였다.

당시 경종의 조정은 영의정, 좌의정, 판중추부사, 호조, 병조, 공조, 대사헌, 대사간 등을 모두 노론 출신이 장악하고 있었다. 이들은 소론 출신 우의정 조태구를 빼놓은 채 시민당(時敏堂)*에 모여 연잉군의 세제 책봉을 건의했다. 결국 경종의 승

---

* 창덕궁 안의 세자가 기거하는 동궁에는 세자가 신하들의 접견을 받거나 하례를 받는 시민당, 중희당과 서연을 받는 성정각, 독서를 하거나 휴식을 취하는 소주합루가 있다. 1749년(영조 25) 왕세자 선(愃, 사도세자)의 대리청정을 명할 때, 세자의 처소 및 조하 및 행사도 시민당으로 하라는 교지를 내린

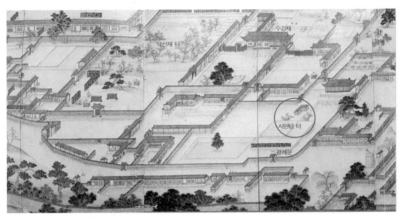

동궐도(국보 제249호)의 시민당 터

낙으로 연잉군이 왕세제로 책봉되어 후계 자리를 보장받은 듯이 보였다. 때는 1721년 8월이다. 다음 해 노론은 병약한 임금을 대신해 왕세제(영조)가 대리청정해야 한다고 요구한다.

그러나 이에 맞서 소론은 유봉휘가 상소해 왕세제 결정 과정에서 소론인 우의정 조태구가 배제된 채 노론만으로 결정한 것은 문제라며 그 정당성에 이의를 제기했다. 소론인 참판 최석항이 상경해서 경종을 독대해 연잉군의 대리청정이 가져올 문제점을 지적하고 대리청정 결정을 재고해달라고 요청하면서 노론 대신들을 탄핵했다. 우의정 조태구도 자신이 배제된 채 노론만 참석해 대리청정을 결정한 것은 부당하니 해제를

적이 있다. 정조 4년에 화재로 불탔는데, 복원하지 못했다.

요청했다. 숙종 때의 대리청정은 노령에다가 노환이 있었기 때문인데, 경종은 젊다는 주장이었다. 그 자리에서 소론 대신인 최석항, 이광좌 등이 거들었고, 노론인 영의정 김창집도 동의했다. 그러자 경종이 기다렸다는 듯이 대리청정을 거둬들였다. 왕위 계승이 뒤집어진 것이다. 노론은 그동안의 노력이 허사가 됐고, 소론은 연잉군 이외의 대안이 필요했다.

그해 겨울, 눈이 내리지 않았다. 가뭄이 계속되어 보리 농사가 걱정이었다. 경종은 눈이 오지 않고 가뭄이 계속되는 것은 자신의 부덕의 소치이니 반성하는 차원에서 전국의 백성들과 신하들의 직언을 구한다는 교지를 반포했다. 이를 빌미로 소론 강경파들은 김일경을 소두로 하는 상소문을 올렸다. 처음에는 30여 명이 모였다가 그중 5~6명만이 남아서 김일경과 상소를 같이했다. 김일경의 관노였다가 궁내의 내관이 된 박상검을 통해 경종의 심정을 정확히 알고 있었던 김일경은 노론 사대신을 '4흉(四凶)'으로 규정하는 상소를 올렸다.

영의정 김창집은 김수항의 아들로, 김창집에게 경계하길 '권문요로((權門要路)'를 탐내지 말라고 하였건만 아비 김수항의 유명을 따르지 않고 권력을 탐하고 세력을 즐겨하니 자식으로서 불효하고 또 신하로서 불충한 일이요. 영중추부사 이이명은 이사명의 아우인데 화를 가슴에 가득 품어서 원과 독이 참혹하고, 판중추부사 조태채는 세력을 놓칠까 봐 전전긍긍하며 은혜를 잊고 의리를 저버리는 자이며, 좌의정 이건명은 뱃속이 꺼멓고 마음이 간사하며 고약하여 나라를 병들게 하고, 백성을 해롭게 하니 4흉이 저지른 일은 천하가 아는 일이옵니다. 4흉이 저지른 죄야말로 천지 사이에 머리를 들지 못할 것입니다.

이 무참한 상소를 근거로 경종은 노론 세력을 내쫓기로 결심했다. 자신을 쥐고 흔드는 사대신뿐만 아니라 판서 등 요직에 진출해 있는 노론 신료들을 유배형에 처했다.

1724년 갑진년 7월이 되자 경종의 병환은 온갖 약재가 쓸모없었다. 소론의 튼튼한 버팀목이었던 지주가 뿌리째 흔들렸다. 연잉군이 올린 게장과 상극인 생감을 먹고 닷새 동안 복통과 설사를 거듭하다 마침내 죽었다.

원래 경종은 숙종이 재위 14년 만에 장희빈에게서 얻은 자식이었다. 숙종에게 금지옥엽이었던 세자 이윤(경종)은 첫돌을 넘기자마자 경기가 심했다. 어릴 적 경기는 열 살을 넘기며 사라지는 게 일반적이어서 큰 문제로 발전하지는 않았다. 하지만 경종의 경기는 간질로 발전하면서 간질 치료를 위해 심화(心火)를 내리려고 먹는 찬 성질의 약재 때문에 설사를 자주 반복했다. 또 설사를 멎게 하기 위해 복용한 설사약은 따뜻한 성질의 약재여서 이 냉온의 반복된 처방으로 결국 식욕을 잃게 되었다. 문제는 경종의 이런 사정을 잘 알고 있는 연잉군 쪽에서 찬 성질의 게장과 더운 성질의 생감을 진상해 먹게 했다는 데 있었다.

소론 강경파는 세제인 연잉군과 노론의 독살 가능성에 무게를 두었지만 뚜렷한 증거가 없었다. 다른 대안을 찾을 시간도 없었다. 소론에서 온건파로 알려진 이광좌, 유봉휘, 조태억이 왕세제 연잉군의 즉위를 지지했다.

'경종 독살설'로 위기에 빠진 영조
소론 지지 얻자, 노론 경계하고 홀대해

일단 영조가 왕위에 올랐다. 숙빈 최씨가 어머니라는 출생 문제는 김대비*의 양자로 입적됨으로써 가려졌다. 그리고 노론

---

* 인원왕후 김씨(仁元王后, 1687~1757), 조선 숙종의 두 번째 계비. 본관은 경주, 경은부원군 김주신과 가림부부인 조씨의 딸이다. 인현왕후의 승하 이후 1702년(숙종 28년) 16세의 나이로 숙종의 세 번째 왕비로 책봉되었다. 경종이 즉위한 이후에는 왕대비가 되었고, 영조 즉위 이후에는 대왕대비가 되었다. 소론의 딸이었지만 남편 숙종의 사후 노론으로 당색을 바꿨고, 후궁인 숙빈 최씨, 영빈 김씨와 가깝게 지냈다. 또한 숙빈 최씨 소생인 연잉군을 지지해 왕세제 책봉에 결정적인 역할을 했고 연잉군이 역모의 주범으로

의 지지로 왕세제가 됐고 왕위까지 올랐지만, 영조는 독살설로 위기에 빠진 자신의 왕위 계승을 지지해준 소론 온건파를 더 고마워했다. 이광좌를 영의정으로, 유봉휘를 좌의정, 조태억을 우의정으로 하는 소론 정권을 다시 출범시킨 것이다. 자신들의 세계가 끝난 줄 알았던 소론 온건파는 자신들이 반대했던 영조 시대의 출범에도 불구하고 조정 대신이 되어 충실한 신하 노릇을 자처했다.

반면, 영조가 노론 측에게 한 것은 호론(湖論)의 주장 민진원을 특별사면한 것에 불과했다. 민진원은 당시 송시열의 배향 문제로 귀양 가 있었다.

경종은 늘 자신을 무조건 지지하지 않은 노론을 경계했다. 영조는 자신을 지지한 노론을 멀리하고, 경종 독살설로 위기에 빠진 자신을 지지해준 소론을 가까이 함으로써 경종과 영조 모두 노론에 대해 같은 태도를 취한 것이다.

왕을 둘러싼 정치집단의 판도에서 왕이 국정 전반을 통제하고 이끌어가지 못하면 결국 왕 스스로 붕당을 조장하게 되고, 자신의 기반 또한 불안해지게 마련이다. 이는 숙종의 태도에서도 그대로 보였던 바다. 숙종은 노론과 소론의 대립 구도에

용의선상에 오르자 방패막이가 되어준다. 1721년(경종 원년)에는 영조를 왕세로 등극시키고, 자신의 양자로 입적했다.

서 자신의 의지를 강하게 개입시켜 여러 차례 환국을 야기했다. 이이명과 독대를 통해 세자(경종)에게 대권을 잇게 하되, 연잉군을 왕세제로 삼아 그 뒤를 잇게 하겠다고 말함으로써 돌이킬 수 없는 정치적 파장을 불러일으켰다. 왕위 계승 문제가 노론과 소론 사이의 대립의 쟁점이 되었다. 결과적으로 왕의 역할은 커졌다고 할 수 있으나, 역설적으로 왕위는 위태로워졌고 왕권은 약화될 수밖에 없는 위기를 맞게 된 것이다.

3장

조정에 부는 피바람

노론과 소론 대립······ 신축사화 이어 '3급수 사건'

노론과 소론의 대립으로 신축년(1721), 임인년(1722)에 걸쳐 일어난 사화가 신임사화인데, 일명 임인옥(壬寅獄)이라고도 한다. 심신이 허약한 경종(장희빈의 아들)이 즉위하자 노론파 영의정 김창집 등의 건의로 왕세자 연잉군(영조)이 대리청정하게되었다. 이에 불만을 품고 있던 소론파의 김일경 등이 노론 측이 왕의 신병을 조작해 발설했다고 해 노론의 김창집, 이이명, 이건명, 조태채 등 사대신을 탄핵하고 유배하는 등 옥사를 일으킨 것이다.

경종은 신축년 사화가 일어난 이후 언론을 담당하는 삼사를 소론의 이제, 박필몽, 양성규, 이명의, 윤각 등으로 채웠고, 노론 윤지술, 조성복을 논핵해 사형에 처했다. 소론 대신이었던 조태구, 최석항이 정승으로 진급되어 소론 세력을 이끌었다. 김일경은 병조호란 때 강화도에서 김상용과 더불어 남문에서 화약에 불을 지펴 자결한 김익겸의 아들인데, 소론 정권의 실세가 되었다. 여기에 그치지 않고 김일경은 판의금부사 심단과 연잉군을 제거하려는 음모를 진행했다. 내관 박상검을 통해 궁인을 포섭해 연잉군의 측근 심복 환관 장세상을 멀리 귀양 보내버렸다.

김일경은 여기에 그치지 않았다. 노론 대신들의 자제와 신료들의 불만에 찬 움직임을 역이용하려고 했다. 김일경의 지인 목호룡은 김창집의 손자 김성행, 이이명의 아들 이기지, 조카 이희지, 사위 이천기, 또 연잉군의 매사냥을 가르치는 스승 백망 등과 가까웠다. 이 목호룡이 이른바 경종을 암살하려 한다는 '3급수 사건'을 고변한 것이다. 때는 1722년 3월이다. 3급수란 대급수, 소급수, 평지수를 말하는 것인데, 대급수는 자객을 써서 경종을 살해하는 것이고, 소급수는 궁녀를 시켜 음식에 독약을 넣어 독살하는 것이며, 평지수는 숙종의 유언을 위조해 경종을 폐출하는 일을 말한다.

즉각 국청이 열리고 주심을 소론 좌의정 최석항이 맡았고, 김일경, 의금부당상 심단, 포도대장 이삼 등 소론과 남인이 배치되어 국문이 진행되었다. 3급수 혐의는 김용택, 이천기 등이 백망에게 보검을 주고 국상이 나는 날에 궁궐 담을 넘어 경종을 죽이거나, 김용택이 백망을 시켜 궁인으로 하여금 경종의 음식에 독을 타기로 했다는 것이다. 참으로 엉성한 국왕 살해 음모였다.

그런데 이 국문의 진행자 심단은 남인이었다. 남인을 내세워 노론을 치우고 그 뒤에 남인을 제거한다는 김일경의 계획에 대해 소인의 간사한 일이라며 조태구가 질책을 가했다. 소론이었던 대사간 이사명이 죄의 유무를 가려서 징토해야 한다며 김일경의 계획에 문제를 제기했으나 소용이 없었다. 이런 복잡한 사정이 작용하면서 삼사의 소론 내에 강온파가 갈렸다. 조태구를 중심으로 온건파가 결집되고, 강경파는 김일경을 추종했다.

노론 싹쓸이 제거 …… 피바람 8개월 불어

하지만 소론 내에서 강온파의 다툼에도 불구하고, 노론 제거는 김일경의 뜻대로 진행되었다. 경종이 묵시적으로 지지했기 때문이다. 3급수 사건에 연루된 정인중은 동래성참사로 순국한 정발 장군의 손자였고, 김용택은 서포 김만중의 손자이자 이이명의 사위이며, 이천기는 이사명의 아들이면서 김춘택과 동서 간이었다. 김춘택은 숙종의 장인 김만기의 손자이면서 김용택과 6촌 형제이다. 김성행은 김창집의 손자인데, 김창집은 송시열과 함께 죽은 김수항의 아들이자 김창협의 형이었다. 이정식은 노론 사대신인 이건명의 내종형제였다. 여자들도 60여 명이나 의금부에 체포됐다.

김일경의 목표는 노론 사대신을 제거하는 것이었다. 갑론을박 끝에 이이명과 김창집이 사사됐다. 이이명은 3급수 음모에서 왕으로 추대하려 했다는 백망의 진술이 나와서 남해로 귀양을 갔다가 돌아오는 도중 한강에서 사약을 먹고 죽었다. 김창집도 사약을 받고 입에 미소를 지으며 세상을 하직했다. 이때까지 죽어나간 사람이 사형 18명, 장살 30여 명이었다. 가족이라는 이유로 교살된 자가 13명, 자살 부녀자가 9명, 유배된 자가 114명, 연좌되어 죄를 받은 자가 173명이었다.* 실로 엄청난 피바람이 8개월 동안 몰아친 숙청이자 대재앙이었다. 노론의 명문가 가운데 성한 집안이 없다고 할 정도였다.

소론 강경파는 이건명과 조태채를 마저 제거하기 위해 탄핵 상소를 매일 올렸다. 하지만 대사간 김동필이 단독으로 상소를 올려 김일경의 탐욕과 무도한 횡포를 고발하자 대사헌 이

---

* 신축년과 임인년의 옥사를 신임옥사라고 부르는데, 8개월에 걸친 피바람 속에서 노론은 숨죽이며 살았고, 소론 온건파는 앞으로 불어닥칠 후유증을 우려하지 않을 수 없었다.

세최가 그의 허물이 조금 있다고 하더라도 공이 크다고 옹호했다. 소론 강경파는 진도에 유배 중이던 조태채를 사사시켰고, 홍양에 유배 중이던 이건명을 금부도사로 하여금 참형시켜 제거했다. 천인공노할 만행이었다. 조정의 대신까지 지낸 인물들을 파리 잡듯이 죽인 것이다.

연잉군 '3급수 사건' 배후로 지목
경종과 소론 온건파 보호로 무사

소론이 노론 59명을 제거한 신축환국 후에는 연잉군이 경종을 만날 수 없었다. 환관들이 경종과 연잉군을 가로막아 사실상 연잉군은 동궁에 연금 상태로 있었다. 연잉군은 신변의 위협을 느꼈다. 이른바 3급수 사건의 배후로 연잉군이 거론됐다. 하지만 경종과 소론 온건파의 보호 아래 연잉군은 무사할 수 있었다.

　신축년과 임인년 간 8개월 동안 계속된 신임옥사의 고변자인 목호룡이 부사공신에 오르고 동중추부사의 벼슬을 받고 동성군에 피봉되었다. 이 사건 후 전에 소론의 거두이던 윤선거·윤증 부자에게도 관직이 추증되고 윤증에게는 시호가 내려졌으며, 남구만, 박세채, 윤지완, 최석정이 숙종의 묘정에 배향되었다. 소론의 전성 시대가 된 것이다. 하지만 호사다마라고 할까. 이 시기는 오래가지 못했다. 경종이 죽은 것이다.

영조, 왕위 계승 찬성한 소론 온건파와 손잡아

영조는 독살설에 휩싸인 가운데, 자신의 왕위 계승을 반대하
지 않은 소론의 온건파를 그대로 활용하면서 원래 자신의 지
지 기반이던 노론 세력을 끌고가려 했다. 이 정국 현안의 핵심
인 '임인옥사' 문제는 영조의 집권 초반의 뜨거운 감자였다. 사
대신이 목숨을 바쳐 왕위에 올라서게 된 영조는 자신의 입장
에서 문제를 풀려고만 했다. 자신을 지지하는 소론 대신들을
전부 몰아내고 노론 정권을 세우면 '경종 독살설'로 흔들리는
민심에 불을 지를 수 있다는 우려 때문이었다.

영조는 가까스로 즉위한 상황에서 이 문제를 가볍게 다루지
못했다. 영조는 을사년(1725) 정월 초에 붕당의 폐해를 거론하
며 "귀양 간 사람을 죄의 경중에 따라 사면하고 색목을 탕평할
것이니 당습을 버리고 공평함을 힘쓰라"는 교지를 반포했다.

하지만 이의현이 상소를 올렸다.

소인배들이 기둥이 될 만한 신하들을 도륙했으니 간흉의 죄
를 묻고 선왕의 뜻이 아니었음을 밝혀주십시오.

인정전 앞뜰 [*]

　그러자 소론의 대사간 권익관 등이 변명하는 상소를 올리고, 우의정 조태구가 진화에 힘썼다.

　영조 입장에서는 자신의 교지가 나간 지 반년도 안 되서 노론과 소론의 싸움이 불붙고 있었으니 암담했을 것이다. 그런데 피바람을 몰고온 사화로 원한과 증오가 가득 찼는데, 한가하게 공평의 도를 얘기하니 먹힐 리 없었다. 그래서 영조는 임인옥사의 주모자 김일경에게 당시 경종에게 올렸던 토역반교문(討逆頒教文)을 올리라고 지시했다. 이 반교문에는 노론 사대신의 이른바 죄안이 자세하게 씌어 있었다. 자연히 이 죄안이 허위

---

[*] 　영조가 즉위할 때 행사를 치른 장소이기도 하다.

였고, 이를 작성한 김일경과 목호룡을 그대로 둘 수 없었다.

그런데 충역 시비가 영조를 괴롭혔다. 노론 사대신은 영조에게는 자신을 왕세제와 대리청정을 하게 해 왕위 계승에 일등 공훈을 세운 충신이지만, 경종에게는 불충한 무리일 수밖에 없었다. 따라서 자신의 왕권 계승을 도운 소론 온건파를 중심으로 구성한 내각을 버리고 다시 노론 중심의 정권을 세울 수도 없었다. 어느 당파에도 흔들리지 않는 왕권의 확립이 절실했다. 그래서 일단 자신의 왕위 승계를 지지한 소론의 온건파를 삼정승으로 하는 소론 정권을 출범시켰던 것이다. 영의정 이광좌, 좌의정 유봉휘, 우의정 조태구로 대신들을 배치했다.

그런 다음에 영조는 김일경과 목호룡을 처형하고 '경종 독살설' 등을 주장하는 소론 강경파를 쫓아냈다. 이 과정에서 영조는 김일경을 직접 국문하고 저잣거리에 효수했다. 목호룡은 국문 도중에 매를 맞다가 죽었다. 그런 뒤에 얼마 지나지 않아 쫓겨났던 노론 신료들을 복귀시켰다.

이 무렵 영조는 영의정 이광좌를 매우 신임했다. 하지만 노론은 신임옥사의 실질적인 지휘자로 이광좌를 의심했기 때문에 이광좌에 대한 탄핵 상소를 끊임없이 올렸다. 이조참의 윤봉조가 소론을 공격하는 상소를 올리자, 영조는 아끼던 이광좌를 영의정에서 물리쳤다.

이광좌, 〈자화상〉(《조선사료집진》 수록
사진본, 소장처 미상)

신임옥사 조작 판정…… 노론 벼슬과 작위 회복

영조는 노론의 수장인 민진원을 예조판서로 불렀다. 민진원은
영조의 첫아들 경의군*을 세자로 세운 이다. 민진원은 노론 사
대신의 신원을 강력하게 추진했다. 민진원은 신임의리를 주장
하며 영조의 대리청정 주장은 정당했고, 김일경, 조태구, 유봉

---

* 진종(眞宗, 1719~1728). 영조의 장자로, 정빈 이씨 소생이다. 1724년 경의군
  에 봉해지고 1725년 세자에 책봉되었으나 10세의 나이에 경복궁 자선당에
  서 요절했다.

휘 등을 처단할 것 등을 요구한 것이다. 영조는 이를 일부 수용
하면서 신임옥사를 김일경, 목호룡이 조작한 사건으로 판정하
고 화를 당한 노론 인사의 벼슬과 작위를 회복시켰다.

　민진원과 정호가 '반질문(頒疾文)'이라는 병이 경종에게 있었
다'는 글을 발표해서 영조가 경종의 죽음과 관련이 없다는 것
을 전국에 알리려고 했으나, 소론 측에서 반대해 조정이 다시
혼란에 빠졌다. 이광좌와 조태구에 대한 탄핵상소를 성균관
유학생 정휴가 내자 영조는 정휴를 귀양 조치했다. 그럼에도
불구하고 이광좌, 유봉휘, 조태구에 대한 탄핵 상소가 38개나
올라왔다. 승급되어 조정 대신이 된 영의정 정호와 좌의정 민
진원은 소론 3대신을 끈질기게 탄핵했으나 노론 온건파 홍치
중(호조판서)은 소론 대신들의 용서를 주장했다.

정미환국…… 소론 3대신 부활

결국 영조는 민진원, 정호 등 삼사의 노론 신료들을 파면시키
고, 영의정에 이광좌, 좌의정에 홍치중, 우의정에 조태구를 임
명하면서 삼사의 관료를 소론으로 채웠다. 다시 소론 정권이
등장한 것이다. '정미환국'이라고 부르는 이 조치는 홍치중이
노론 출신이어서 노·소 병용이라고 부르기도 하는데, 소론 관

료 가운데 온건파인 송인명, 윤순, 조문명 등을 중용했다. 이때 지평 조현명이 상소를 올렸다.

> 전하의 조정은 공사에 사분(私忿)을 섞은 것이 임인의 옥이고, 보복에 급급한 것이 을사년 당인의 죄인데, 쓰고 버리는 것을 공평하게 하실 일이온데 부르면 모조리 부르고, 물리침도 그러하니 어찌하여 이렇게 처리하나이까?

이런 비판의 상소를 올렸지만 영조는 또 소론 대신의 주장에 흔들려 사대신의 신원 조치를 거둬들이고 거꾸로 조태구, 유봉휘의 관직을 회복시켜 주었다. 반면에 노론의 영수 정호와 민진원을 귀양 보내고, 노론의 주요 인사 100여 명을 한꺼번에 파면하고 영의정에 소론의 영수 이광좌를 임명한다. 하루아침에 뒤집힌 정국, 자신을 지지했던 노론을 버리고 소론의 손을 영조가 다시 잡은 것이다. 그리고 내건 것이 탕평책*이다.

• '탕평'이란 용어를 처음 사용한 이는 박세채이다. 1683년(숙종 9년)에 황극탕평론(皇極蕩平論)을 주장했는데, 서·남 당쟁으로 망하게 생겼으니, 왕권을 강화하고 4색 당파를 고루 쓰자는 이론이다. 파당의 타파를 주장하기 위해 탕평을 주장했으나 구호에만 그쳤다.

4장

탕평책으로 국정 장악 노려

이인좌의 반란…… 영조 정통성 시비

영조는 소론 온건파를 대거 등용하면서 이것을 '탕평책'이라
명했다. 하지만 노론 강온파는 소론이 탕평을 내세워 자신들의
죄악을 감추고 세력을 확대하고 있다고 보았다. 1727년이다.

그런데 탕평책을 내걸고 본격 시작한 지 1년 만에 큰 난관에
부딪혔다. 이인좌의 난이 일어난 것이다. 《조선왕조실록》에서
는 이인좌의 난을 무신란(戊申亂), 또는 무신년의 역변이라 부
른다.

소론이면서 영조의 정통성을 인정하지 않는 이인좌, 박필
현, 정희량, 심유현 등 소론 강경파가 주도하고, 영남·기호의
소론 명문과 남인들이 대거 가담한 반란이 일어난 것이다. 반

영조

란의 명분은 경종 독살설과 숙종의 친아들이 아닌 연잉군이 임금이 됐으니 영조의 즉위가 부당하다는 것이었다. 이인좌는 소현세자의 증손자 밀풍군 이탄(1698~1728)을 새로운 임금으로 추대했다. 밀풍군 이탄은 경종의 왕비 선의왕후가 후계자로 입양하고 싶어 했던 이관석의 아버지이니, 소현세자에게 정통성을 부여하고 싶었던 것이다.

경종은 영조가 올린 음식에 문제가 있어서 독살됐다는 흉흉한 소문이 전국을 강타했다. 경종에 대한 영조와 노론의 독살설은 매우 광범위하게 퍼졌고, 이인좌 반란 세력의 명분이 됐다. 이인좌는 숙종 때 남인 정권을 이끌었던 영의정 권대운의 딸을 할머니로 두었고, 남인의 거두 윤휴의 손녀사위였다. 민심도 흉흉했다. 연이은 가뭄과 흉작으로 백성들의 고통이 극심했던 것이다. 이런 상황에 뜻을 알 수 없는 각종 충성과 역적 시비가 생겨서 자꾸 판만 뒤집어지니 백성들은 마음을 잡을 수 없었다.

소론 온건파가 소론 강경파 진압

이인좌 반란 세력은 청주성을 가볍게 함락시켰다. 이때 청주성을 지키던 충청병사 이병상은 이순신 장군의 6대손이었다. 사로잡힌 그는 반란 거사에 가담하지 않자 처형됐다. 반면에 소론과 남인의 중심 세력이 포진하던 영남의 안동에서의 거사는 실패했으나 정희량, 이웅보 세력이 안음·거창·합천에서 세를 불려 5만 명으로 늘어났다. 반면에 호남 지역에서 처음에 거병하기로 한 전라관찰사 정사효가 이미 조정에 반란에 대한 고변이 진행됐다는 사실을 알고 발을 빼자, 박필현 등은 반란에 승산이 없다고 보고 야반도주하고 말았다.

이인좌의 반란을 단기간에 가라앉힐 수 있었던 것은 당시 정국을 주도하던 소론 온건파가 진압에 나섰기 때문이다. 같은 소론이라서 반란 세력의 인맥과 구성, 무장력 등의 정보에 훤했던 것이다. 그리고 영조에게 소론 강경파의 반란 조짐을 처음 고변한 사람은 뜻밖에도 소론 강경파 대신 최규서였다. 그래서 영조는 같은 소론 온건파인 이광좌, 오명항 등에게 반란 진압 지휘권을 주었다. 서울 일원에 계엄령을 선포하고 처음에 총융사 김중기에게 출전을 지시했으나 나가지 않자 병조판서 오명항이 자원을 했다. 오명항을 경기·전라·충청·경상의 도순무사로 삼고, 장봉익을 진어대장, 소론 박문수를 종사관으로 삼았다. 오명항이 출전한 지 10일 만에 충정 지역에서 심야에 반군 지휘부를 기습해 도망치는 이인좌와 권서봉을 사로잡았고, 정희량 반군은 선산 부근에서 무너지고 목이 잘렸다. 전라 지역의 박필현은 섬으로 도망쳤으나 체포되어 서울로 압송되었다.

영조는 이인좌에 대한 국문을 직접 열고 처형을 지시했다. 이인좌의 반란은 싱겁게 진압됐지만 후유증은 컸다. 소론이 소론을 적발해 죽이고 유배 보내는 참극이 도처에서 벌어진 것이다. 노론 사대신은 임인의 옥으로 죽고, 소론 사대신도 이광좌만 건재해 영의정을 맡고 있을 뿐, 유봉휘는 유배지에서 죽고, 최석항은 노환으로 유봉휘보다 먼저 죽었다. 조태구는 실각한 후 와병 중이었다. 결국 소론의 이광좌만이 영조의 총애로 권력을 유지하고 있을 뿐이었다.

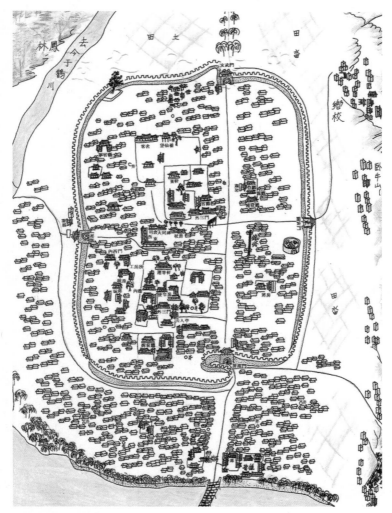

이인좌의 반란군이 점령한 청주읍성

소론 온건파가 소론 강경파의 반란을 진압하면서 영조는 중요 보직에 노론과 소론을 고루 정·부 관료에 등용해서 상호 견제하도록 했다. 이를 쌍거호대(雙擧互對)라 한다.

기유처분…… 충과 역 구분 조치 애매

영조는 노론과 소론 모두에게 정치적 부채까지 지고 말았기 때문에 압박감을 크게 갖고 있었다. 소론 주도의 탕평 정국에 노론을 참여시키려면 신임의리에 대한 명확한 규정이 필요했다. 그래서 '충'과 '역'을 구분해 바로잡는 조치, 즉 '기유처분'이 있게 된다. 1729년 일이다. 그런데 매우 애매하게 결론이 났다. 노론이 대리청정과 세제 책봉을 도모한 것은 역(逆)이 아니지만, 충(忠)이라고도 할 수 없다는 것이다. 반면 임인년의 3급수 사건은 역이라는 것이다. 김일경, 이광좌, 최석항 등 소론 대신들이 구체적인 증거도 없이 노론 김창집 등 사대신과 60여 명을 사형시키고 수백 명을 처벌시켰던 사건이 '역'도 아니고, '충'도 아니라는 애매한 결론으로는 노론 전체를 설득할 수 없었다. 이는 단지 '소론의 의리론'에 지나지 않는다고 노론은 보았다.

이인좌의 난이 수습되어가자 소론 온건파인 조문명과 송인

조문명   조현명

명 등이 노론을 두루 찾아보고 의견을 나누었다. 송시열의 직
계인 유척기(1691~1767)는 반란의 원인을 소론 문제와 영조의
유약함으로 지적했다.

　이런 영조의 문제점을 날카롭게 지적한 조문명은 소론이면
서 세자빈의 아버지로서 군사력을 장악하고 왕궁 경비를 책임
지는 어영대장을 겸하고 있었다. 동생 조현명과 함께 탕평을
지지해서 양무공신이 되었다.

　이런 일이 일어난 것은 소론이 넋이 빠지고, 주상이 유약한
데서 벌어진 일입니다. 주상이 유약해 결단을 못 내리시니 누
가 즐겨 세세로 지켜오는 당론을 버리고 마음을 고쳐서 의론
을 변개하려 들겠습니까. 이게 반란을 맞게 된 원인입니다.

그러나 노론 사대신과 수백 명의 선비들을 죽이고 유배 보낸 김일경의 조작 사건에 국문을 주도한 이광좌를 영의정으로 하는 체제를 노론은 받아들일 수 없었다. 거기에는 까닭이 있었다. 반란의 광풍에서 비껴간 중요 인물은 이광좌, 이삼, 이진유 등이었다. 이삼은 훈련대장 시절 임인옥사를 주관한 인물이었는데, 영조의 총애를 받아 다시 훈련대장을 맡고 있었다. 노론의 시각으로 보면 이광좌는 성질이 간사하고 충절이 없으며 임인옥사를 총괄한 자이고, 이삼이 한 일은 거의 이광좌와 상의를 거친 일이었다. 모략 사건의 국문을 지휘하고 책임진 자들이 영조 조정에서 여전히 중용되고 있었다. 노론으로서는 기막힌 일이었다.

송인명, 조문명은 홍치중을 중심으로 노론을 기용하자고 영조에게 건의해 삼사에 노론 신진들이 포진했다. 하지만 지평 정익하가 이광좌, 오명항이 이진유의 무리를 싸고돌아 유배지를 가까운 곳으로 옮기게 하고, 이광좌가 추천한 이사성과 남태징이 반란을 일으켰으니 이들을 처벌하라는 상소를 같이 올렸다. 이진유는 김일경과 같이 상소를 했으나 이후에 유배당해 있었다. 송인명은 민진원의 석방을 영조에게 청했다. 민진원은 우의정 시절 소론 관련자를 삭훈하려다가 장삼석의 탄핵으로 원주에 유배를 가 있었다.

노론 온건파만 탕평책 호응

김재로와 홍치중 등 노론 내 온건 탕평파가 영조의 정책에 호응했으나 노론 세력 전체를 참여시킬 수 없었다. 김재로, 유척기, 장봉익, 김홍경, 이유민 등을 삼사를 비롯한 요직에 소론과 함께 배치했다. 그러면서 영조는 당론에 대해 언급하지 말 것을 선언했다.

> 역변이 당론에서 일어난 만큼, 이후 당론을 입에 담는 자는 역률로 다스리겠노라.

한편 소론은 노론 제거의 시발점이 되었던 김일경의 7인 연명[*] 상소인 가운데 이진유 등을 살려둘 수 없다면서 영조에게 이들의 제거를 건의했다. 소론도 자신들에 대한 노론의 오해를 풀기 위해 김일경과의 일방적인 행동이었지 소론의 중론과는 무관한 것이니 이들을 처벌해 노론의 원한을 풀자는 입장이었다. 영조는 이들을 국문하도록 했으나 하나같이 김일경 등과의 관계를 부인하다 매를 맞고 죽었다.

하지만 기유처분 이후에 노론 탕평파가 조정에 들어왔으나

---

* 김일경, 박필몽, 이진유, 윤성시, 서종하 등 7인.

유척기   박문수

집단 사직하는 등 노론의 반발은 끝나지 않았다. 이광좌가 영
의정에서 물러났으나 영중추부사로서 여전히 영향력을 발휘
하고 있었다. 박문수는 이인좌의 난 때에 종사관으로 영남에
출전해 2등 공신으로 영성군에 봉해진 소론 탕평파인데, 이광
좌의 친척이어서 많은 도움을 받았다.

지평 이정보가 탕평에 대한 세간의 평을 간한다.

"전하, 탕평을 말하신 후 세상에는 탕평옷, 탕평갓, 탕평대
라는 말까지 생겼나이다."
"탕평을 비꼬는 자들의 말이니 삼가라."

영조의 입장은 확고했다. 이번에는 송인명이 말한다.

"신도 탕평선(扇)이라는 말을 들은 바가 있나이다. 아마 부채는 대와 종이가 합해졌다고 해서 그런 말이 생겼나 봅니다."

갈팡질팡 방향 못 잡자, 대탕평 비꼬아

영조가 경연장을 박차고 나가자, 송인명은 탕평을 국시(國是)로 하자고 건의했다. 영조는 교리 원경하에게 국시로 정하는 교지를 작성하도록 했다. 하지만 백성들은 여전히 '대탕평(大蕩平)'이라고 비꼬았다.

영조는 송인명과 조문명에게 인사 원칙을 강화해서 인사권을 쥐고 있는 이조전랑(5급)과 예문관의 한림*을 추천하는 권한을 혁파하라고 지시했다. 한림을 추천할 때는 반드시 향을 피워 하늘에 빌어서 선택하는 일을 중시했는데, 한림 추천이 오면 재상이 앉아 있다가도 반드시 자리에서 일어나야 하는 관행이 있을 정도였다. 이 이조전랑과 한림 추천권에 대한 혁

---

* 예문관에서는 왕의 명령뿐만 아니라 모든 국가 행사에 쓰이는 예식을 다루고 주관한다. 한림은 예문관에 소속된 관원들을 부르는 호칭인데, 봉교(정7품) 이하 검열(정9품)까지 8인이 있었다. 이 중에 영조가 주목한 대상은 검열이었다.

파 지시가 있자 남인 승지 오광운이 상소를 올리면서 비판을
했다.

전하께서 모든 당파 가운데 참된 인물을 골라서 지성으로 감
복하게 하옵고 충의로서 책임을 삼게 하여 조정에 포진해놓
으면 탕평의 화로에 넣어서 너, 나가 없어지도록 녹여 융화
한 후에야 그 효과를 볼 것입니다. 하온데 단지 쭉정이들한
테 책임을 맡기니 아무리 그 수효가 많은들 무슨 도리가 있
겠습니까? 저네들의 생각으로는 소론이면 소론만이 단독 정
치를 하여야 할 것을 노론과 어울려 하게 되면 반드시 화가
있으리라 하여 아예 탕평이라 명분을 빌려서 전하를 속이고
한편으로 애련한 동정을 구하게 되니, 참다운 탕평책을 쓰
시옵고 거짓 탕평을 쓰지 마시옵소서.

영조는 송인명, 조문명, 홍치중을 앞세워 탕평책을 추진했
으나 당쟁은 그치지 않았다. 특히 왕세제 시절 측근이었던 서
덕수 문제도 간단치 않았다.

김창집이 도목(都目)에 세 대신의 이름이 없다면, 영상 김창
집이 신하들이 임금을 선택할 의논을 했을 것이라고 했는
데, 이는 어찌 된 것인가.

영조가 김창집을 의심하자, 민진원은 오해라면서 서덕수가 이용한 것이라고 말한다.

> 그건 금상의 오해에서 비롯된 것입니다. 왕세제 책봉을 경종이 즉위한 지 얼마 되지 아니하니 오해가 있을 수 있으니 1년 정도 지나서 의논하는 것이 좋겠다 해서 김창집은 동의했으나 이만성이 늦다고 책망하던 차에 상소가 올라와 세제 책봉 문제를 의논한 것이지, 신하들이 임금을 선택하는 문제가 아니었습니다. 왕세제는 전하 한 분뿐인데 무엇을 서덕수를 통해 탐지했겠습니까? 3년을 기다려 하자는 의견은 신이 낸 것인데, 서덕수가 그걸 이용해서 왕세제 책봉에 공을 세우려 한 짓에 지나지 않습니다.

서덕수는 영조의 전비였던 정성왕후의 조카였다. 영조는 10여 년간이나 참아왔던 자신의 무고함을 드러내려고 했다. 장헌세자(사도세자)의 탄생으로 대사면이 이뤄지는 분위기가 만들어졌다. 영의정 이의현이 김창집과 이이명의 신원을 청하자 영조는 서덕수가 자신의 처조카라는 사실까지 거론하는 반야하교(半夜下敎)를 통해 신임의 일을 논쟁하지 않겠다고 약속을 받은 후, 김창집은 놔두고 이이명만 신원하려고 했으나 노론의 반대로 중단했다. 김창집에 대한 영조의 불신은 매우 커서 김일경에 대한 불신에 못지않았다. 영의정 이의현은 영조의 이런 태도에 동의할 수 없었다. 영조는 영의정 이의현을 교체했다. 1735년이다.

이로써 영조의 탕평책이 갈팡질팡 방향을 잡지 못했다. 이 가운데 이태중이 상소를 올려 목이 잘릴 뻔했고, 결국 흑산도에 위리안치 유배길에 오르게 된 것이다. 때는 1735년. 이후 김창집의 신원을 둘러싸고 소론과 노론 사이의 상소와 맞상소가 수십 명씩 연명으로 올라갔다.

영조의 단식 선언

김창집을 죄준 것은 그가 신하의 절조가 없다는 데 있는데, 노론이 이것을 두고, 대의를 원수로 안다고 모함합니다.

소론 재상 조영국과 윤증 그리고 수십 명이 상소를 올리자, 영조는 노론 윤급과 한익모를 국문하라고 지시하고, '식음을 전폐하겠다'는 단식을 선언했다. 1737년(영조 13년)이다.

노론 좌의정 김재로, 판부사 김홍도, 소론 우의정 송인명 등이 식사를 청하는 호소를 했으나 영조는 고집을 꺾지 않았다. 신하들이 '앞으로 당론을 말하면 개자식'이라고 맹세를 했으나 영조는 자리에서 일어나지 않았다. 이광좌가 달려와 영조에게 음식을 권하자, 이광좌에게 영의정을 맡으라 하고 윤급과 한익모를 절도에 위리안치시켰다.

영조, 탕평을 '혼돈 개벽'이라 바꿔 말해

영조는 당론을 말하는 자의 목을 베겠다고 선포하면서 탕평을 '혼돈 개벽'이라고 고쳐 불렀다.

> 앞으로 당론을 말한 자는 모두 목을 벤다.

그로부터 1년 뒤인 임인의리를 고집한 노론 강경파 유척기가 우의정으로 출사했다. 1739년이다. 유척기는 서덕수의 신원이 이뤄지자 김창집, 이이명의 신원을 주청했다. 영조는 소론을 비롯한 탕평파들이 반대했으나 신임의리의 재조정에 착수했다. 기존의 탕평파로는 해결할 수 없었다. 신임옥사 사건에서 영조 자신의 결백이 천명되지 않아서 영조는 속을 끓였다. 피해자들의 신원도 중요하지만 자신의 결백을 천명하는 것도 중요한데 그 일은 아무래도 노론에서 나서주어야 했다.

영조, 자신의 결백 증명에 노론 활용

탕평파인 송인명, 조현명을 영조의 생모 숙빈 최씨에 대한 불경죄로 파직시키고 노론 유척기를 다시 등용했다. 자신의 출신 성분에 대해 영조는 열등의식이 심했고 당당하지 못했다. 숙빈 최씨는 숙종 44년에 세상을 떠나 양주 고령산 보광사 뒤쪽에 묘소를 잡았다. 그러나 묘소의 명칭을 '원'으로 봉하지 못했다. 몇 차례 '능'으로 봉하기 위해 송인명, 조현명, 박문수 등 소론 탕평파에게 요청했으나 부왕 때 '원'으로 봉하지 않은 것을 고칠 수 없다고 버텼다.

하지만 영조는 끈질기게 외할아버지에게 영의정, 외증조에게 좌찬성, 외고조에게 이조판서를 증직했다. 반대했던 소론 탕평파를 내쫓고 유척기를 우의정에 임명했다. 좌의정 김재로가 이참에 이천기, 정인중, 이회기, 김용택, 심상길 등 다섯 명의 신원도 청원했다.

그러나 이광좌, 조현명, 김시형, 서정욱 등 소론파들이 반대 상소를 올렸다.

1740년 이태중이 소론의 이광좌, 유봉휘, 조태구 등의 관직을 추탈하라는 상소를 올렸다. 신임의옥의 책임자들인 그들의 관직을 내버려둔 채 탕평을 얘기하는 것은 의리에 반한다는 것이다. 하지만 영조는 자신이 신임하는 이광좌에게 죄를 주라는 상소를 용납할 수 없었다. 영조는 몹시 화를 냈다. 영조 자신의 결백을 확보하기 위한 것인데, 자신의 조치가 다시 당쟁의 싸움이 되고 있었다. 영조는 퇴위 결심을 선언했다. 노론 대신들이 울면서 만류하자, 못 이기는 척 받아들이고 대신 이태중을 갑산으로 귀양 보냈다. 1740년(영조 16년) 5월이다.

신임옥사 때의 죄안을 국안(鞫案)이라고 고치고 종묘에 고해 전국에 반포했다. 이를 '경신처분'•이라고 한다.

그러나 영조는 노론이 노론 사대신의 신원에는 목을 매면서 자신에게 씌어진 혐의를 도외시해 아주 기분이 나빴다. 그래서 노론 강경파들을 모조리 쫓아내고 소론 탕평파를 다시 기용했다. 아무래도 소론이 자신에 대한 무혐의를 보증해줄 수 있다고 믿었다. 소론 탕평파인 송인명, 조현명이 다시 조정에 나왔다. 노론 온건파인 김재로와 협상을 벌였다. '3급수 사건'은 김일경에 의한 모함 사건으로 판정이 난 상태였고 따라서 피해를 입은 자들을 신원해주는 것으로 정리되었다. 영조는

• '경신사(庚申事)'라고도 한다. 임인옥사 조사 과정에서 당시 왕세제(영조)가 시해 과정에 관련되었다는 이야기가 거론되었다. 따라서 왕위에 오른 영조는 왕위 계승의 정통성을 확보하기 위해서라도 이에 대한 혐의에서 벗어나야만 했다. 영조는 즉위 이후 여러 조치를 통해 서서히 자신의 혐의를 벗었으며, 1740년(영조 16년) 경신처분을 통해 그동안 신원이 미루어졌던 노론 사대신 중 이이명과 김창집에 대한 복관(復官)과 함께 임인옥사가 소론 측에 의한 무고로 인한 것이라고 판정했다.

탕평비

허탈했다. 또 자신의 무고가 드러나지 않은 것이다. 일단 조현
명의 자문을 구해 이태중을 유배 보냈지만 이광좌, 유봉휘, 최
석항, 조태구의 관작을 삭탈하라는 주장을 외면할 수 없었다.
이광좌는 1740년 박동준 등이 호역(護逆)한 죄를 들어 탄핵하
자 울분 끝에 단식하다가 죽었다. 결국 영조는 이광좌를 제외
한 그들의 관직을 삭탈했다.

신유대훈······ 노론과 소론 타협

신임옥사의 모략안을 전부 소각해 김일경과 목호룡의 고변 사건을 무옥으로 규정하고 세제 건의는 김대비와 경종의 하교로 이뤄진 것이라는 것을 분명히 함으로써 오랫동안 노·소론 간에 오락가락했던 영조의 태도가 비로소 정리되고 영조 자신의 결백도 입증된 셈이었다. 이에 따라 노론 사대신과 김용택 등 주모자로 알려진 노론 신하들도 모두 신원되었다.

그래서 영조는 3급수 살인 모의를 고문 끝에 인정하고 죽은 서덕수의 혐의를 벗기고 연루되어 죽은 사대신 가운데 복관되지 못한 김창집, 이이명의 명예도 회복시켰다.

노·소론 간의 논리적·정치적 대결 끝에 영조 17년인 1741년에야 대훈(大訓)이 확정되었다.

> 신축년의 세제 건의와 대리청정은 왕실을 위한 정당한 행위였고, 임인옥사는 세제를 제거하기 위한 조작 사건이므로 불태우고 사면한다. 다만 김용택 등 노론 4인의 패역한 행위는 역이다.

이렇게 신임의리를 요구하는 노론 세력을 다독였다.

신유대훈 이후에 노론 강경파는 탕평 정국에서 활발하게 참여했다. 대표적인 인물이 박필주*였다. 영조의 탕평책은 당파의 시비를 가리지 않고 어느 당파든 온건하고 타협적인 인물을 등용해 왕권에 순종시키는 데 주력했다. 그래서 이를 '완론탕평(緩論蕩平)'이라고도 했다. 박필주는 8조의 상소를 통해 영조가 추진할 탕평의 조건과 바른 방향을 제시하면서 정국 현안에 대한 의견을 개진했다. 이후 정국에서 영조는 노·소론의 타협을 통해 새로운 정책을 추진할 수 있었다.

노덕서원 문제로 다시 노·소론 대립
영조, 서원 170여 개 철폐…… 노론 반대, 소론 지지

그런데 1741년(영조 17년) 3월 이항복을 주향(主享)하는 함경도 북청의 노덕서원에 소론의 영수 이광좌를 추배하는 사건이 박문수 함경감사의 장계로 문제가 되었다. 이 서원 문제는 매우

• 박필주(朴弼周, 1680~1748)는 조선 후기 도봉서원에서 수학하던 유학자. 집안이 대대로 서인 노론계에 속했다. 서울의 학계를 주도하며, 영조의 완론 탕평 체제 속에서도 산림(山林)의 입장을 존중하며 노론의 의리를 끝까지 지키려고 했던 노론낙론(洛論) 계열 산림 학자였다. 과거에 응하지 않고 스승인 김창흡 아래에서 수학했다. 젊어서는 서울의 장경사, 과천의 청계사, 광주 백운산 석굴암, 대구의 동화사 등 전국의 명산대찰을 돌아다니면서 유림들과 토론하거나 독서하기를 즐겼다.

이항복

미묘하면서도 중요한 문제였다. 서원은 정권에 대한 충성을 유도하는 중요한 기구이면서 동시에, 서원을 장악한 각 정파의 당론과 당력의 원천이기도 했다.

1543년(중종 38년)에 처음 소수서원이 세워진 이래 적극적인 장려와 보호책으로 서원은 전국 곳곳에 뿌리내렸다. 하지만 부작용도 갈수록 커져갔다. 자격 미달자나 후손들의 남설, 거기에 서원에 기대 양정(良丁)의 기피, 지방 관서에 재물 요구, 대민 작폐 등의 문제가 쌓여왔고 4색 당파들의 근거지 역할도 했다. 인조 때부터는 서원을 사사로이 세우지 못하도록 했으나 서원과 사우(祠宇)의 구별이 애매해서 그 수가 전국적으로 700여 개가 넘었다. 숙종 초에는 서원 통제가 강화되었다. 숙종 말년에는 상당수의 서원 철폐가 집행되었으나 집권 당파에

소수서원

는 적용되지 않았다. 거꾸로 상대 당파에 대한 탄압으로 이용
했다.

영조는 탕평책의 일환으로 서원의 정비를 시도했다. 그중
안동에서 김상헌을 제향하는 서원을 세우려 한 문제로 시비가
일어났다. 김상헌은 본관이 안동이었고 청나라 볼모 이후에도
안동에서 은거했기 때문에 진작 서원이 세워졌을 법한데 그러
지 못했다. 노론인 유척기가 경상감사로 부임하고 안동부사로
노론 어유룡이 부임했다.

그런데 안동은 추로지향(鄒魯之鄕)*이라고 일컬어질 만큼 자

부심이 대단했다. 1694년 갑술환국 이전에는 걸출한 인물이 많이 나왔으나 남인이 퇴출된 이후에는 조정에 출사할 길이 막혀 있는 상태였다. 게다가 1728년 이인좌의 난 때 영남 하도가 정희량의 반역에 가담한 뒤로 영남 전역이 '반역의 고장'으로 몰려서 조정으로부터 감시가 집중되고 있었다. 따라서 안동 지역은 조정에 대한 불신과 반감이 폭발 직전이었다. 안동 사림을 좌우하는 남인들은 김상헌을 제향하는 서원 건립을 맹렬히 반대했다. 결국 서원이 건립됐으나 남인들이 들고일어나 서원을 파괴해버렸다.

이때 조정은 판부사 노론 김재로, 좌의정 소론 송인명, 이조판서 소론 조현명, 병조판서 소론 박문수, 호조판서 소론 송진영, 형조판서 소론 김시형 등이었다. 김재로와 박문수가 노론과 소론으로 논쟁을 벌였으나 탕평파인 좌의정 송인명이 모두 벌을 주고 김상헌의 서원은 건립하자고 했다. 그러나 영조는 사원 건립은 불허하고 모두 벌을 주자는 의견만 받아들였다.

서원 문제가 중앙의 노·소론 간의 문제로 커진 것은 박문수가 함경감사로 재직 중에 이항복을 제향하는 노덕서원에 같은 소론 출신 이광좌를 배향하자는 건의를 영조에게 올리면서였다. 이광좌를 총애한 영조는 이항복의 후손이기도 한 이광좌

• 공자와 맹자의 고향을 말하는 것으로 유학의 뿌리가 깊다는 의미이다.

의 배향을 노덕서원에서 하는 것을 별 문제가 없다고 보았다. 하지만 노론 측에서는 임인옥과 이인좌의 반란까지 모든 사건의 배후에 이광좌가 있다고 보았기 때문에 그의 제거를 당면한 과제로 삼고 있는데, 사원에 배향하는 것을 찬성할 리 없었다. 여기에 김상헌을 제향하는 안동서원을 파괴하는 사건이 터져버린 것이다.

영조는 이참에 골치 아픈 서원 문제에 철퇴를 가하겠다고 마음먹었다. 숙종 40년 이후에 건립된 서원을 전부 철폐하기로 결심하고 서원 철폐령의 교서를 반포했다. 1741년(영조 17년) 4월 8일부터 5개월 동안 전국의 서원을 조사해 170개의 서원이 철폐되고 10명이 출향되었다.*

서원과 영당에는 주로 노론계의 인물이 제향되어 있었다. 성혼, 김장생, 송시열, 송준길, 김인후, 김창협, 송상현, 김상헌, 민유중, 민진원, 권상하, 정호, 이희조 등이었고, 그 선대에는 황희, 박세채 그리고 고려 말에 성리학을 도입해 성균관의 기틀을 잡은 목은 이색의 문헌서원 등이었다.

소론계는 영조의 서원 철폐를 지지했다. 반면 노론계의 반발은 컸다. 나라의 존망이 걸린 문제라고 유생들이 항의했으

---

* 1714년(숙종 40년)~1741년(영조 17년)에 조정에서 허가한 서원이 40개였는데, 이 27년 동안에 213개 서원이 난립했던 것이다.

문헌서원의 이색 신도비. 비문은 하륜이 지었고, 이용직이 글을 썼다. 비석 뒷면의 글은 송시열이 지었고, 이수경이 글씨를 썼다.

나 영조는 철회하지 않았다. 하지만 서원의 폐해는 조금도 나아지지 않았다.

영조 미스터리…… 경종 급사

그러면 영조는 집권 17년이 지난 뒤에야 비로소 자신이 원하는 조정을 정비할 수 있었다는 것인데, 이렇게 복잡한 과정을 거칠 필요가 있었던 것일까? 여기에는 경종의 죽음에 대한 밝혀지지 않은 비밀이 숨겨져 있다.

세제인 연잉군이 올린 간식은 경종이 먹는 게장 음식에 상극인 생감이어서 사단이 났다. 경종은 이 음식과 간식인 생감을 먹고 며칠간 설사 복통 끝에 죽었다. 게장을 먹은 사람이 생감을 먹으면 안 된다는 것은 일반 백성들의 상식인데 궁궐에서 그런 일이 벌어진 것이다. 그것도 세제인 연잉군이 올린 생감이었다. 그러니 당연히 전국이 발칵 뒤집어졌고, 이인좌의 반란까지 일어났던 것이다. 자연히 사람들은 영조에게 혐의를 뒀고 이 문제는 말끔하게 해결되지 못하고 있었다.

만약 영조가 즉위 초에 전국에 널리 퍼진 '경종 독살설'에 정면 대처해 사실 무근이라는 것을 선언하고, 신임옥사 및 숙종 시절의 대형 사건에 대해 사면 조치를 내려 당파적 이해가 첨예하게 걸려 있던 문제를 해소하는 방안을 추진하며, 김일경 등 모략 사건의 장본인들을 엄벌하면서 대탕평을 당색에 구분 없이 적용했다면 17년 세월을 허송하지 않을 수 있었다. 안타까운 일이다.

중국에서 비슷한 시기에 집권한 옹정제는 훨씬 복잡한 조건에서 황제 자리를 물려받았지만, 강희제 60년의 치세에 의해 그늘진 관료들의 부패와 각종 제도를 개혁해 청나라를 반석의 기반에 다질 수 있었다. 그렇게 보면 영조와 정조의 대탕평을 높이 평가하는 시각은 일면적이 아닐 수 없다. 영조가 오히려 즉위 초부터 사회경제적 변화에 발맞춰 개혁을 추진하고 산업 발전과 대외 교역을 활성화하면서 중·후반기에 청나라의 강희, 건륭처럼 중인 및 하층민들의 사회 진출을 적극 권장하는 정책을 추진했다면 정조 이후의 조선조는 어떻게 변화했을까?

물론 노론 세력의 확대로 귀결되는 정조 시기에 조선 사회가 어떤 변모를 보였을지는 알 수 없지만, 청나라의 변화에 놀란 조선의 사대부들이 여전히 대명의리와 소중화의 시대착오에 빠졌을 것 같지는 않다. 불행하게도 영조의 탕평은 자신의 권력 중심을 확고히 하고 난 뒤에 균역법 등 각종 시급한 민생 문제를 제한적으로 해결하는 시도에 그쳤기 때문에 한계를 지닐 수밖에 없었다.

장헌세자, 대리청정 13년 5개월간 지속
영조, 양위 선언만 8번······ 미묘한 갈등

영조는 첫째 아들 경의군을 두 살 때 세자로 책봉했으나 열 살에 죽었다. 그래서 둘째 아들을 장헌세자로 책봉해 국사에 참여시키고 있었다. 세자 15세 때인 1749년(영조 25년)부터 13년 5개월 동안 지속되었다.* 세자가 국사에 참여할 수 있도록 했

---

* 장헌세자는 조선 왕조 시대 최장의 대리청정 기록을 세웠지만, 정작 왕은

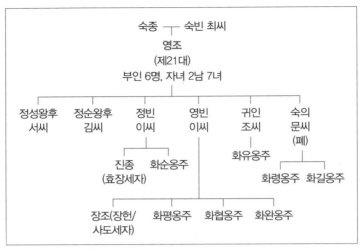

영조의 가계도

지만, 이는 자신에 대한 경종의 대리청정 시도가 잘못된 것이 아니라는 의미도 내포하고 있었다. 하지만 영조의 세자 대리청정은 국사를 전부 맡기는 것이 아니라 국사의 일부를 맡아 처리하는 수준이었는데, 세자는 백성을 수탈하는 환곡제나 대동미와 군포 징수에 따른 부패 문제를 근절하기 위해 노력했다.

그런데 세자가 눈에 띄게 경종과 그 당시의 소론의 행위를 옹호하자 노론들은 바짝 긴장했다. 영남 유생 조진도가 합격했지만 그의 조부 조덕진이 김창집 등을 논죄해 유배를 가다 죽은 죄인이므로 그 손자를 합격시킬 수 없다는 유생 이정욱

되지 못한 기록도 같이 갖게 되었다.

이천보

의 상소로 조정 안팎이 시끄러워졌다. 장헌세자는 이정욱의 상소를 일축하고 조진도의 합격을 승인했다. 노론 대신들이 영조에게 항의하자 영조는 세자가 자신과 상의 없이 처리했다고 해 합격을 취소시켜 버렸다. 이때 영의정은 노론 김상로였으며, 우의정은 신만, 판중추부사는 유척기였다. 홍계희, 홍봉한 등도 영조를 감싸고 있었던 반면, 세자 주위에는 이천보, 민백상, 이후 등 소론이 있었다.

영조와 세자를 둘러싼 미묘한 갈등이 생기기 시작하자, 영조는 세자와 신하들의 태도를 떠보기 위해 왕위를 세자에게 넘기겠다는 소동을 벌였다. 이 양위 소동은 신하들의 충성 맹세로 끝났지만, 영조 15년, 16년, 19년, 21년, 25년, 28년, 33년, 51년의 영조 재위 기간에 무려 8번의 양위 소동이 벌어진다.

나주괘서 사건 반란 선동

1755년(영조 31년)에 나주목 객사 망화루 기둥에 괘서(掛書)가 나붙었다.

> 백성은 곤궁한데, 가렴주구는 극심하다. 지금 임금은 가짜이니 바른 임금을 세워야 한다. 이를 위해 군사를 가동하려 하니 백성들은 놀라 동요치 말라.

이때 조정은 영상 김상로, 우의정 이천보, 병조판서 홍계희였다. 각 지역에서 올라오는 사건을 처리하고 보고하는 당상제도를 운영했는데, 최삼우가 비국전라도당상이었다. 이 괘서는 소론의 거두 윤취상의 아들인 윤지라는 자가 주모했다. 윤지는 김일경 사건에 연루되어 제주도에서 귀양살이를 하다가 나주로 옮겨왔다. 20여 년간 영조의 은전이 없었다. 윤취상은 소론 강경파로 김일경과 손잡고 많은 노론 인사들을 살육했다. 윤지는 김일경 일파가 떼죽음당할 때 목숨을 건져 나주에서 유배 중이었다. 나주는 호남 지역에서 번성한 도시이고, 각종 상업 활동이 활발했다.

전 목사 이하집과 김항, 기언표 등 나주에 거주하는 불평 많은 인사들이 모여 반란 모의를 한 것이다. 이효식과 기언표가 작성한 격문이 나주 객청에 나붙었다.

전라감사 조운규와 당상(우승지) 최삼우가 모여 의논을 했는데, 괘서만 붙었을 뿐 다른 군사 반란의 조짐은 전혀 없었기 때문에 금부도사가 내려오면 일망타진하기로 하고 감시만 강화했다. 윤지는 반란의 수괴치고는 그저 매일 술만 퍼먹고 있었다. 어이없는 괘서 사건이었다. 하지만 이 사건이 의미하는 바는 간단치 않았다. 당상 최삼우는 영조에게 전라도 민심을 보고했다.

"정여립 사건 이후 벼슬길이 막혀 선비들의 불만이 큽니다. 민심이 사나워 아직도 전라도 변산, 월출산 일대에 도적떼가 산채를 두고 노략질을 일삼고 있습니다. 그러니 전라도 선비를 널리 등용하소서."
"변성일이라는 도적떼가 죽은 후 노령 일대의 도적이 흩어졌다는 보고를 들은 지 여러 해가 되었는데. 다시 모였더란 말이오."

이 나주괘서 사건은 엉뚱한 데로 불똥이 튀었다. 김일경의 무리였던 괘서 주동자 윤지가 소론 인사들과 내왕한 사실 때문에 나주 일대가 쑥대밭이 되었고, 소론의 사대신 가운데 이미 고인이 된 조태구, 이광좌, 유봉휘의 관작을 삭탈해버렸다. 윤지와 관련된 이광사, 윤상백, 이만강, 윤득삼, 박찬신 등 소론의 중진들이 귀양을 가거나 먼 북쪽 땅으로 유배지를 옮겼다.

호남 선비들을 발탁하고 당파와 관계없이 인물을 중용해서 백성들의 곤한 삶을 해결했어야 했는데, 영조의 국정 운영은 죽 끓듯 했다. 나주괘서 사건 이후 조정은 노론 중심으로 구성됐다. 소론의 쇠퇴는 급격하게 이뤄졌다. 이렇게 되자 소론은 더욱 세자 주변에 모여들었다. 노론에는 김재로 형제들과 영조와 인척 관계인 민진원, 홍봉한, 신만 등이 포진한 반면, 소론에는 정우량, 조문명 형제, 박문수 등이 있었는데 이들이 주로 노론을 견제하는 역할을 맡았다. 민진원은 인현왕후와 남매간이었고, 홍봉한은 세자의 장인이었다. 영조를 중심으로 한 척신 관료들과 비척신 관료들의 갈등은 영조의 외척 중시 정책이 구체화하면서 견제가 무의미해졌다. 결국 세자는 김상로, 홍계희, 문성국, 김한구, 김귀주 등 노론 당료와 정순왕후 김씨, 숙의 문씨 등 왕실 세력의 무고로 인해 1762년(영조 38년) 윤5월 13일, 폐위되어 휘령전 앞 뒤주 속에 갇히게 된다.

조정 대신들은 당파로 나뉘어 자리 싸움에 여념이 없었고, 성균관 유생들 사이에서까지도 당파의 대신들에게 줄 대기가 성행했다. 백성들 누구도 선비들을 믿지 않았고, 조정을 불신했다.

5장

조선의 사회 문제 증폭

영조는 자신의 취약한 권력 기반과 각 붕당 세력의 확고한 입지, 피비린내 나는 권력투쟁이 하루도 쉬지 않고 벌어지는 와중에 노회한 4색 당파의 대신, 특히 소론과 노론, 남인들의 집단적 움직임을 주목해야 했다. 자칫 명분과 내용이 어긋나거나 중망(衆望)과 거리가 있는 정책이 추진되면 정권의 안위가 위협받을 수도 있었다. 짧은 경종 재위 기간에 벌어진 살벌한 피바람을 온몸으로 체득한 영조였기 때문이다.

한편, 당쟁, 사화, 음모로 자신들이 존경하는 사대신의 목숨이 순식간에 날아가는 현실을 목도한 조선의 선비들은 과거를 아예 보지 않거나 과거에 합격했다 해도 출사하지 않았다.

그런데 전국의 서원을 중심으로 포진한 서원과 양반 세력들은 4색 각 파의 수뇌들을 중앙으로 모시고, 그들만의 논리로 영조의 세상을 재단하고 있었다. 신하들의 권력이 이토록 강해진 것은 임진왜란, 병자호란 양 난을 겪으면서 조선 조정이 백성들의 신뢰를 잃었고, 토지 소유, 병역, 조세, 인사 등 각 부문에서 문제들이 중첩되어 나타났기 때문이다. 조선 천지가 한 번은 왜군에, 한 번은 북방 오랑캐에 살육당하고, 질병과 기아에 백성들이 허덕이고 길거리에서 죽어가는 목숨들이 수두룩했는 데도 조선 왕조, 양반 세력은 피폐한 민생의 고통을 자기 문제로 고민하지도 않았고, 책임 있는 태도를 취하지도 않았다.

영조도 양반층도 모두 민생 외면

임진왜란 이전에는 개성의 서경덕, 경상우도의 남명 조식, 충청도의 토정 이지함처럼 은거하는 현인들을 발굴해 천거하면 조정에서 각종 자리에 썼는데,[1] 고작 고을의 현감이나 미관말직에 임명하는 경우가 대부분이어서 그들의 경세 경륜을 펼칠 수가 없었고 논의조차 되지 않았다. 조정의 임금이나 고관대작들은 재야의 명망을 지닌 인물들을 홀대한다는 비난을 피하면 그뿐이었다. 명망을 지닌 인물들의 경륜에는 관심조차 없었다.

거꾸로 조정의 임금이나 고관대작들은 양 난을 거치며 임진

왜란을 승리로 이끈 천하무적의 수군 이순신 장군이나 목숨을
초개같이 던진 의병들과 의병장들의 공덕을 높이 기리기보다
대국(大國) 명나라가 조선을 구원해 크나큰 은혜를 입었다는
재조지은(再造至恩)을 내세워 자신들의 실추된 권위를 되찾고
망해가던 명나라에 충성의리로 신흥 세력 청나라에 당한 굴욕
을 갚으려 했다.

조정과 사대부, '대명의리론' 지배적

이런 황당한 주장의 논리적 근거는 조선의 개국에 참여했던
신진 사대부들이 떠받들었던 공맹의 도, 유학이었다. 명나라
는 성인의 나라이고 공자의 나라이기 때문에 이를 존경하고
따라야 한다는 것이다. 실제 명나라는 원나라* 말기에 등장한
농민 민란 세력이 집권한 정권이었고, 유교를 국시로 내걸었
지만, 불교, 도교에도 개방적인 나라였다. 조선처럼 주자의 도
와 다르면 사문난적으로 금기시하는 풍조도 없었다. 사실 조

• 원나라는 13세기 송나라를 멸망시킨 몽골 제국이 세운 국가. 13세기 중반
  부터 14세기 중반까지 중원을 지배하고 통치했는데, 명나라를 건국한 주원
  장에게 쫓겨 북쪽으로 이전한 뒤 북원이라는 이름으로 불리다가 쇠퇴하게
  된다.

《금사》

선의 선비들이 떠받들었던 주희●는 남방 지역의 책임자였을 때 고구려 유민들을 대량으로 학살한 인물이었는데, 조선의 선비들은 이런 사실을 도외시했다.

청나라의 전신 금나라는 자신들이 편찬한 공식 사서인《금사(金史)》에서 "금나라는 신라 출신 김함보(金涵補)의 6대손이

● 주희(1130~1200)는 중국 남송의 유학자로, 주자라고 더 잘 알려져 있다. 19세에 진사가 된 후 여러 관직을 지내면서 공자, 맹자 등의 학문에 전념하면서 유학을 집대성해 성리학을 창시하고 완성시켰다. 주자의 이름을 따서 주자학이라고도 부른다.

세력을 키워 나라를 세웠다"*고 그 연원을 뚜렷이 밝히고 있다. 또한 병자호란 당시에 청나라가 조선에 보낸 국서에 조선을 '형제의 나라'로 규정하고 있지만 조선의 조정과 사대부들은 그들이 같은 뿌리라는 점을 자각하지 않은 채 국제정세의 변화에 눈을 감았다. 그저 청나라는 북방 오랑캐였고, 북쪽 오랑캐가 신라 출신 김함보의 후손이라는 사실 자체를 인정하지 않았으며, 이런 사실을 철저하게 백성들이 모르게 차단했다. 청과의 굴욕적인 삼전도 화의가 성립된 이후에도 망한 명나라를 재건하는 것을 염두에 두고 요하 지역 북벌 계획을 세우거나 공자의 나라 중화가 없어져 이제 조선은 소중화가 됐으니 더욱 공맹의 도를 실현해야 한다면서 모화 사상을 강조했다.

이런 흐름은 4색 당파의 당색을 떠나서 선비 사회가 일반적으로 견지했던 사상적 논지였다. 백성들의 환란을 극복하기 위해 국론을 모으기보다 명에 대한 의리에 기반해 청과 싸워야 한다는 의리론을 부추겼다.

군사력 강화 외면……왕실 방어에만 급급

이런 상황에서 효종의 북벌론은 현실적인 설득력을 잃어버리

• 《금사》의 기록(金之始祖諱函普, 初從高麗來年已六十餘矣).

5위도총부. 의흥위를 비롯 용양위, 충좌위, 호분위, 충무위로 나뉜다.

고 좌초할 수밖에 없었다. 조선 사회는 왕실과 과거제도 또는 발탁을 통해 조선 사회를 지배하는 체제를 정립하고, 관료들에게 친영례*나 매일 아침의 배례, 성균관·향교·서원 등 각종 기구 등을 통해 국왕에 대한 충성을 강조했다.

그런데 모순되게도 군사력으로 조선 왕조를 세운 조선은 임

---

* 과거에 급제한 인물들을 모아서 왕에게 충성할 것을 다짐하는 의식.

진왜란, 병자호란이라는 미증유의 환란을 겪고서도 군사력을 강화하는 정책을 추진하지 않았다. 군사 정변을 우려해 충성심이 강한 문신 주도의 방위 체계를 짰는데, 5위도총부• 역시 그 역할이 국토의 방위와 백성의 안위를 보장하는 것이 아니라 왕실의 방어에 중심을 두는 것이었다. 그 간부들은 정권의 충실한 심복들로 구성되었다. 이렇게 왕권만 보장된다면 양반과 백성들의 삶은 중요한 과제가 아니었다.

양반, 토지 소유 집중⋯⋯ 서원, 향교 통해 기반 강화
백성의 삶, 더욱 곤궁⋯⋯ 지배층, 개혁에 뒷전

중앙정부의 이런 태도 속에 신분제의 동요와 부의 축적과 집중이 지배 체제 내로 편입된 양반 사회에서 넓게 퍼져나갔다. 토지 소유의 집적과 집중은 소작농과 노비를 확대시켰다.[2] 양반들의 토지 겸병과 확대를 통한 대토지 소유가 증가하고 부를 축적한 상인 집단들이 조선 사회의 기본 질서를 흔들고 있었다. 또한 권력의 중추에 전주 이씨 세력과 양반을 포진시키

• 조선 시대 중앙 군사 조직의 중추였던 5위의 군사 업무를 총괄하던 최고 군령 기관.

고 이들에 대한 각종 특혜를 보장했다. 조선 조정은 초기에 경기도 지역의 양전을 관료들에게 급료로 지급했으나 이후 관료로 충원되는 인원이 늘어나 경기도 양전 지급이 불가능해지자 급료를 양곡으로 지급하거나 이후에는 양전으로 지급하면서 징세 체계를 강화했다.

이렇게 조선의 지배 체제의 일부로 편입된 양반 사회는 각 지역의 서원, 향교를 통해 유학의 보급과 관료의 충원에 적극적으로 나섰다. 자신들의 이해와 일치했기 때문이다.

퇴계와 율곡 역시 대표적인 유학자이고 천재적 인물이면서 출사와 퇴진을 반복해가며 조선 사회가 부딪친 모순을 각종 상소를 통해 문제를 제기했지만 정작 민생 문제의 해결을 위해 뛰어들지는 않았다. 반상(班常)의 질서를 강조하는 유교 체제와 유학 이론을 정치하게 가다듬는 데 더 관심이 있었다.

같은 시기에 토정 이지함은 공리공론을 배격하고 상업과 어업의 권장, 철광·금광·은광 등의 채굴을 통해 광공업을 발전시키면서 각종 병폐와 토색질을 제거해 국방을 튼튼히 하자는 방안을 내놓았다. 그리고 유리걸식하는 백성들이 굶주리지 않도록 진휼 정책을 구체화하고, 도로와 역참의 정비를 통해 물자를 유통시키며, 염전 개발과 대외 교역을 활성화할 것을 주장했다. 하지만 조정은 이런 현실적 대책을 외면했다.[3]

조선조가 붕괴하고 관료 진출이 불가능해진 이후까지 상당히 오랜 기간 이들 향교와 서원들은 조선 사회를 떠받치는 중 요한 장치였다.

3부
이태중의 가문

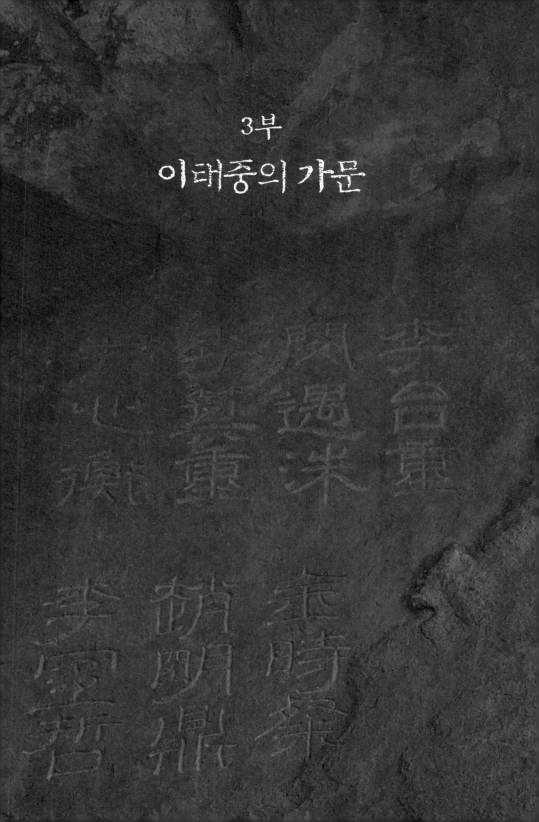

1장

목은 이색의 후손

목은 이색의 13대손 한산 이씨, 이태중

이태중은 목은 이색(李穡)의 13대손이다. 이윤경을 시조로 하는 한산 이씨는 이인간, 이효진, 이창세, 이자성을 거쳐 이곡과 이색 두 부자가 고려 말에 등장하면서 학식과 문장으로 이름을 떨쳤다.

가정 이곡(1298~1351)은 고려 말에 과거에 급제했으나 뇌물이나 권문세족과 연고가 없어 지방관으로 전전하고, 부정부패에 개탄했다. 그래서 원나라의 과거에 응시해 급제함으로써 고려의 중신이 되었다. 이곡은 당시 심각한 사회문제가 되었던 공녀 제도의 폐해를 거론하며 이를 폐지해줄 것을 원나라에 건의했다. 어리고 젊은 처녀들이 원나라로 끌려가는 비극

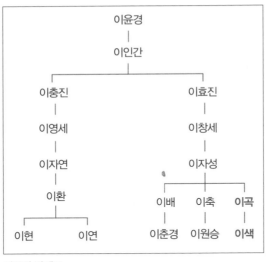

```
                        이윤경
                         │
                        이인간
            ┌────────────┴────────────┐
          이충진                      이효진
            │                          │
          이영세                      이창세
            │                          │
          이자연                      이자성
            │                ┌─────────┼─────────┐
          이환              이배       이축      **이곡**
       ┌────┴────┐            │         │         │
      이현      이연        이춘경     이원승    **이색**
```

이곡의 가계도

을 중지시키는 데 일조했다.

　그의 아들 이색(1328~1396)*은 어린 나이에 원나라 과거에 우수한 성적**으로 급제하고, 한림원경력에 임명되었다. 다음 해 귀국해 공민왕의 개혁 정책을 추진하는 핵심 인사가 되었고, 성균관을 창건해 성리학의 도입과 정책에 힘을 쏟았다. 그래서 고려 말, 조선 초의 신진 사대부들은 거의 전부가 목은 이색과 사제 관계로 맺어져 있었다.*** 1358년(공민왕 7년)에는 왕

　●　이색은 충남 서천 사람인데, 외가인 경북 영덕의 괴시리에서 출생했다. 그 래서 목은 이색의 생가는 현재 영덕 영해면에 복원되어 있다.
　●●　원나라 전시(殿試)에서 제2갑(甲)으로 합격함.

으로부터 "이색의 재주와 도덕은 출중하여 다른 사람과 비할 바 아니다"라는 칭송을 받게 된다.[1] 이색은 몸가짐을 바로 하고, 근원을 맑게 할 것을 자손들에게 당부했다.

> 모양이 단정하면, 그림자가 어찌 굽을 것이며
> 근원이 맑으면, 흐르는 물도•맑으리로다.
> 몸을 닦아야 가정을 다스릴 수 있는 것이며
> 모든 것은 정성에서 나오지 않음이 없도다.
>
> 군자의 목표가 벼슬길에 나가는 것이건만
> 관직과 작위는 나를 귀하게 해주는 것이요,
> 봉록은 나를 부유하게 해주는 것이다.
> 하지만 나를 귀하게 해주는 것은
> 반드시 나를 천하게 만들 수도 있을 것이요.
> 나를 부유하게 해주는 것은
> 반드시 나를 빈궁하게 만들 수도 있다.
> 내가 이런 명을 따를 수밖에 없는 것은
> 권한이 나에게 없기 때문이다.

••• 지공거로서 다섯 번에 걸쳐 백여 명이 넘는 사대부를 선발했다. 김구용, 정몽주, 길재, 박상충, 이숭인, 권근, 하륜 등이 그들이다.

목은 이색

그래서 나의 소유가 아닌 데도 갑자기 나에게 주어질 경우,
그것이 비록 영광스러운 부귀라 할지라도
나로서는 기뻐할 이유가 하나도 없다.
이러한 것은 기뻐해서도 안 되는 것인데
더구나 평생토록 즐길 낙으로 삼을 수 있겠는가.

　관직과 부유함을 평생의 즐거움으로 삼을 수 없다는 것을
분명하게 말하고 있다. 이런 목은 이색의 뜻을 한산 이씨 후손
들은 가슴에 깊이 새기고 있었다.
　한편, 공민왕은 문신은 정당문학* 이색이요, 무신은 이성계

●　1371년(공민왕 20년) 공민왕은 이색을 정당문학(政堂文學)으로 삼았다(《태조
　실록》 1권, 총서 50번째 기사).

라고 두 신하를 높이 평가했다.[2] '문신은 이색이요, 무신은 이성계'라는 고려 말의 세평이었던 것이다. 하지만 칼과 창을 갖고 있던 이성계는 군사력을 바탕으로 고려 왕조를 뒤엎었다. 이 과정에서 고려 말 조정에서 무신의 또 다른 중심축으로 요동 정벌을 내세운 최영 장군을 몰아내면서, 정도전 등 일부 사대부 세력은 정전(井田) 개혁과 유교 도입을 명분으로 조선조를 창건했다. 원의 수탈과 고려 왕실, 권문세족의 수탈로 허덕이던 백성들은 새로운 세상을 열겠다는 이성계 세력에 기대를 가졌다.

그러나 유학을 공부하고 불사이군(不事二君)의 충신 논리로 무장한 사대부들의 완강한 저항도 만만치 않았다. 이 저항 세력의 중심에는 젊은 이색의 두 아들이 있었다.*

목은가학(牧隱家學)의 성립, 이종덕과 이종학, 이종선

이성계 세력은 일찍이 과거에 급제해서 성균관의 여러 직책을 거쳐 조정의 핵심적 위치에 있었던 이색의 두 아들 이종덕(1350~1391)과 이종학(1361~1392)을 제거하지 않고서는 신진

---

* 이종덕과 이종학이다.

정몽주

사대부들의 불사이군의 논리를 깰 수 없었다. 1392년(태조 1년) 정몽주를 선죽교에서 때려죽이고, 고려의 유신(遺臣) 56명을 엮어 결당모란(結黨謀亂)한 자로 지목해 외방에 축출하거나, 왕족인 왕씨들 수백 명을 개성 앞바다에 수장시키는 등 후환을 없애려는 살벌한 조치들이 잇따라 벌어졌다.

　목은 이색을 포함해 그의 세 아들인 이종덕, 이종학, 이종선이 모두 귀양을 가게 된다. 이색은 직첩을 빼앗기고 서인이 되어 해도(海島)에 유배되었다가 장흥으로 이배되었다. 이종덕도 유배지에서 사사되었다. 이종덕의 죽음을 애도하는 정몽주의 시가 있다.

　　한산의 집안에서 선행을 넉넉히 쌓았는데

이종덕, 이종학 제단. 아버지 이색보다 먼저 죽어 묘가 없다.

어진 이의 천수가 부족함은 어찌 된 일인가
예로부터 이 이치는 끝내 따질 수 없으니
공자 또한 일찍이 그 아들 백어(伯魚)에게 곡했다네[3]

둘째 아들 이종학은 1392년 4월 청주옥에서 방면되기도 했으나, 함창에 유배되었다. 정도전 등이 그를 살해하려 했으나 문하생인 김여지의 도움으로 이배되던 중 무촌역에서 이방원의 지시를 받은 호송 장사에게 살해되었다. 이종학은 유배 생활 중에 다음과 같은 시를 남겼다.

강산은 비록 적막하나 천지는 절로 맑고 편안하여라
몸이 곤하니 봄 베개에 기대어 졸고

마음에 수심 있으니 하루 종일 문을 닫고 있네
어느 사람이 북궐로 가는가
이곳은 남쪽 바다에 가깝구나
객지에서 봄은 이미 반이나 지났는데
나는 때때로 초경(楚經)을 읽고 있네[4]

　두 아들을 참혹하게 먼저 보낸 이색은 비통한 마음을 금할
수 없어 이를 시로 남기고 있다.

지난해에는 장자를 황천에 보내고
올 겨울에는 둘째 아들도 바닷가로 귀양 떠났는데
듣자니 셋째 아들도 탄핵을 당한다 하는구나
어찌하오리까. 어찌하오리까. 하늘이여

　막내아들 이종선만 겨우 목숨을 건졌다. 이색도 유배에서
풀려나 3년간 한산에서 지내지만 두 아들을 잃은 슬픔이 극에
달해 1394년(태조 3년) 오대산에 들어간다. 1395년에 한양으로
돌아왔는데, 이성계의 끈질긴 권유에도 출사하지 않았다. 이
성계는 할 수 없이 이색을 친구의 예로 대했지만, 이방원의 입
장은 달랐다.

이방원, 사대부와 불교계 반격 두려워 이색 독살
첫 번째 멸문 위기 …… 막내아들 이종선만 살아

1396년 이색이 예성강 벽난도를 통해 여주의 신륵사로 내려올 때 궁궐의 내시가 수행했는데, 이방원·정도전·남은·조준 등이 짐독(鴆毒)이 든 선온주(宣醞酒)를 경기감사를 통해 전달하게 했다. 이색은 대나무 잎으로 병마개를 한 술병의 의미를 알면서도 태연히 술을 마신다. 그런 다음 대나무 잎을 강기슭에 던지면서 "내가 임금 섬기기를 충성으로 했다면 이 대나무가 살 것이고, 간사스럽게 해 임금을 그르쳤다면 이 대나무는 말라 죽을 것이다. 내 일생이 오직 이에 달렸으니 후세 사람들은 기억하라"* 하고 조용히 자리에 누었다. 심한 복통과 고열로 청심루 아래 연자탄에 내려 신륵사로 옮겨졌으나 끝내 숨졌다.[5] 이런 사실은 조선 시대 내내 공개적으로 알려지지 않고, 한산 이씨 문중에서만 구두로 전승해왔다. 그러다 조선조 말에 의정부학부대신 이용직이 행장을 씀으로써 이방원, 정도전이 독주로 죽인 사실이 드러났다.

정도전과 이방원이 이색을 없앤 까닭은 따르는 선비들이 많아 조선 개국에 장애가 될 뿐만 아니라 나옹선사를 비롯한 불

---

* 이색이 죽은 뒤 대나무는 뿌리를 박고 수백 년간 살아남았다고 한다.

교계와 인연이 많기 때문에 불교계를 평정하기 위한 데 있었다. 당시 이색은 왕명으로 지공대사와 나옹선사의 비문을 지었다. 젊은 시절부터 절에서 공부했기 때문에 유학자이면서도 불교에 대한 지식이 깊었다. 모친이 극락왕생을 빌어달라는 유언을 남기자 이색은 대장경의 판각 사업을 전 불교계를 참여시켜 추진했다.• 이에 소용되는 비용을 조달하기 위해 막대한 자금을 명문세족들로부터 모으고 전국의 승려들이 대대적으로 동원됐다. 이방원은 이를 자신들을 위협하는 세력의 결집으로 보았던 것이다. 이방원은 이색이 신륵사에서 대장경판을 간행한 전력 때문에 신륵사행에 의구심을 품고 있었던 것이다. 한편 불교계 일부에서는 이때 거사 준비가 있었다는 주장••도 있는데, 그 근거는 뚜렷하지 않다.

이렇게 일세를 풍미했으되 비명에 목숨을 잃은 목은 이색의 후손들은 이 왕조하에서는 그 죽음의 진상을 구전으로만 전달할 수밖에 없었다. 이태중은 이색의 막내아들 이종선의 후손이다. 이종선(1368~1438)은 세종 때에 와서 집현전에 들어가

• 신륵사 대장경판은 현재 일본의 천리사에 보관돼 있다. 일본 사신이 요청하자 이방원이 이내 신륵사대장경판을 일본에 내어준 것이다. 현재 신륵사에는 대장경 판각 등이 남아 있다.
•• 원경스님은 필자에게 선사들로부터 전해들었다는 증언을 2005년경에 했다.

이색과 막내아들 이종선의 묘. 서천에 있는 문원서원 뒤편 언덕에 있다.

두 형의 죽음으로 위기에 빠진 목은 이색 가문의 부흥을 위해 발분의 노력을 기울인다. 충청 등 4개 도의 관찰사를 거쳐 중추원사를 지냈다.

두 번째 멸문 위기······ 사육신 이개
이계전, 겨우 목숨 건져

이종선의 큰아들 이계주의 아들이 이개(1417~1456)이다. 이개는 집현전에서 이름이 높았다. 세종의 아들 문종의 지우를 받아 세조의 왕위 찬탈을 인정하지 않고 성삼문 등과 단종의 복

사정문과 사정전*

위를 시도함으로써 사육신**이 된다. 이색의 두 아들이 이방원의 제거 대상이 되고, 이색조차 독주로 죽였던 조선 왕조가 또이개를 작형(灼刑)으로 죽인 것이다.

　이개의 친인척은 멸문당했으나, 이개의 삼촌, 즉 양경공 이종선의 셋째 아들 이계전(1404~1459)은 조정의 중신인 병조판서로 살아남을 수 있었는데, 이개가 삼촌의 참여를 권했으나이계전이 응하지 않았다는 사실이 밝혀져서 한산 이씨의 멸문

● 　사정전 앞뜰에서 사육신에 대한 친국이 벌어졌다.
●● 　이개를 비롯해 성삼문(1418~56), 하위지(1387~1456), 유성원(?~1456), 박팽
　　년(1417~1456), 유응부(?~1456)를 말한다.

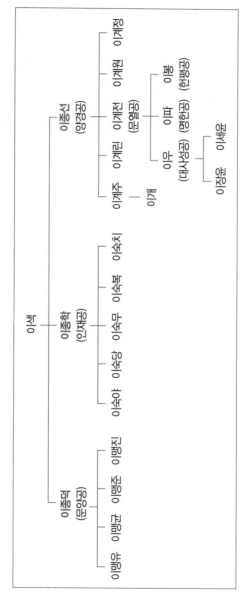

이색의 후손들

은 면하게 되었다. 목은의 막내아들 이종선의 계보는 큰아들 이계주의 아들인 이개의 사육신 절의 활동으로 멸문*당하지만, 둘째 아들 계린, 셋째 아들 이계전, 넷째 계원, 다섯째 계정이 살아남아 대를 잇게 된 것이다.

이색의 첫째와 둘째 아들 이종덕, 이종학의 후손들은 숨죽여 살다가 기력을 회복해 다시 왕성하게 가문을 이어갔다.

세 번째 멸문 위기 …… 연산군 폐비 윤씨 사건
봉분 파헤치고, 묏자리 빼앗겨 …… 세종의 묘소가 됨

이계전(문열공)에게는 대사성 이우, 참찬 이파, 판서 이봉 삼형제 아들이 유명했다. 삼형제 모두 어린 나이에 과거에 급제해 촉망받는 인재들이었다. 그러나 이들은 연산군이 즉위하자 폐비 윤씨 문제와 관련해 예조판서 등을 지냈다는 이유로 봉분이 파헤쳐져 부관참시를 당하는 등 참을 수 없는 모욕을 받았

• 이개의 후손은 당시에 멸문당한 것으로 알려졌으나 숙종대에 사육신에 대한 복권이 이뤄지고 난 뒤에 여종이 자신의 아이를 내놓고 이개의 아들을 숨겨 전주 지역에 내려와 목숨을 이을 수 있었다. 이 사실은 사육신의 복권이 이뤄지고 난 뒤에 고백을 해서 가문의 승인을 받은 것으로 알려졌다. 현재 전주 지역에 기거하는 한산 이씨 화수회는 이개의 후손이 중심이다.

다. 이때 문열공 이계전의 봉분도 파헤쳐졌다. 또 손자 이치도 진도로 유배당했다. 이때가 1504년이다.

뿐만 아니라 조선 왕조는 이색의 후손에 대한 의구심을 풀지 않았다. 이계전이 부관참시당하기 36년 전인 1468년 예종 원년에 이계전의 여주묘가 임금이 나올 자리라고 해서 빼앗고, 세종의 묘소로 만들었다.* 현재 여주의 세종대왕릉이다. 할수 없이 이계전의 묘는 인근으로 이장됐다.

그러나 중종반정 이후에 이들이 복권되고 삼형제의 자손들이 현달(顯達)했다. 이우의 장남 봉화공 이장윤은 중앙의 험악한 권력 쟁투를 피해서 고을에서 백성들과 고락을 함께하길

---

* 세종대왕릉 자리에 대해서 광주 이씨, 성주 이씨 묏자리라는 주장도 있는데, 실질적으로 세종대왕릉은 한산 이씨 이계전의 묏자리이다. 이는 《조선왕조실록》 예종 즉위년(1468) 12월 27일(계축) 일자에 다음과 같이 정확하게 기록되어 있다.
"천릉할 땅을 여흥 성산의 이계전(李季甸)의 분묘(墳墓)의 땅으로 정하였다. 이어서 술자리를 베풀었다." 다음 날 "정인 등이 사목(事目)을 지어서 아뢰기를 이계전의 분묘는 모름지기 즉시 파내어서 수기(水氣)가 있는지 없는지를 보소서. 석실(石室)과 잡상(雜象)은 옛날 것을 쓰소서 하니, 임금이 그대로 따랐다"고 기록되어 있다. 또한 "광주 이씨 이인손의 분묘는 이계전의 분묘 옆에 있었는데, 천장(遷葬)할 때를 당해 임금이 승정원(承政院)으로 하여금 치서(馳書)해 그 아들 평안도관찰사 이극배를 부르고, 행호군 송문림으로서 그를 대신하게 했다"고 기록하고 있다. 따라서 세종대왕릉 자리는 이계전의 묏자리이고, 광주 이씨 이인손의 묏자리는 이계전의 묏자리 옆에 있어서 이장하게 된 것이었다(《조선왕조실로 태백산사고본》 1책 2권 50장 A면; 영인본 8책 306면).

여주에 있는 세종의 묘

즐기고 어려움을 푸는 데 덕스럽게 시행했다. 이장윤은 네 아들, 이질, 이치, 이온, 이정을 두었다.

한성군 이질은 문화, 울진, 상주, 양천, 덕천, 장단 등 7개의 고을에서 백성을 위해 선정을 베풀었고, 팔십의 나이를 넘었는 데도 뜻과 지혜가 명민하고 필력이 건강했으며 앉았을 때도 기대는 일이 없었다고 한다. 이질은 이지훈, 이지란, 이지숙 세 아들을 낳았으며, 한평군 이지숙은 이원, 예조판서 이증, 이보, 이경 네 아들을 낳았다.

아천군 이증은 이경홍, 이경함, 이경심, 이경류, 이경황, 이경하 여섯 아들을 두었는데, 넷째 아들 이경류가 과거에 급제한 뒤 왕명을 전달하는 종사관으로, 임진왜란 때 상주전투에

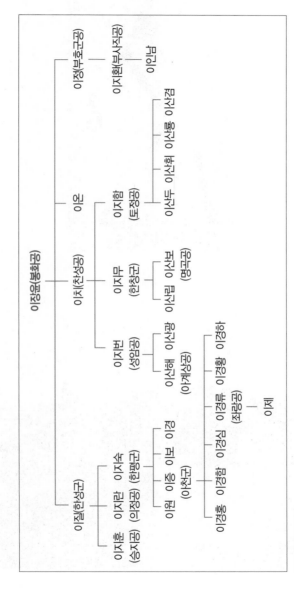

이정운의 가계도

토정 이지함

화암서원

영의정 이산해의 영정

　서 전사한다.

　이치는 성암공 이지번, 한창군 이지무, 토정 이지함을 낳았
고, 이지번은 영의정을 지낸 이산해를, 이지무는 이조판서 이
산보를 낳았다. 이지번은 인조로부터 '백의재상'이라는 평까
지 들었으나 권신들의 모략으로 평해(울진, 영덕 지역)에 유배당
했다. 이지함은 조선 백성들이 가장 존경하고 사랑한 인물이
었다. 그의 아들 중 기대를 모았던 세 아들(이산두, 이산휘, 이산
룡)은 일찍 불운하게 죽었고, 넷째 이산겸은 의병장으로 높은
평가를 받았으나 모함을 받아 국문 중에 죽었다.

청렴 강직한 가풍 …… 벼슬길 '돌' 보듯 해
식견과 실천 의지 있어도 시대를 제대로 못 만나

이태중은 이색의 13대손이고, 이질의 8대손이며, 이증의 6대
손이다. 이증의 아들 이경류가 외아들 이제를 두었다. 부사공
이제는 진사시에 장원을 한 뒤, 과거 이후 청요직을 두루 거쳐
대구부사로 재직 중 33세로 서거하니 큰 뜻을 펴지 못해 주위
에서 참으로 애석하게 여겼다.

　이제는 이정기와 이정룡 두 아들을 두었다. 장남인 귀천공
이정기는, 김선원이 그를 두고 장차 반드시 문호를 성대히 하
겠다고 해 기대를 모았다. 더욱이 김선원은 이 아이가 장차 큰
그릇이 되겠다며 자신의 손녀사위로 삼았다. 과거에 장원급제
하고 벼슬길에 나갔으나 진퇴를 거듭하고 대사헌, 대사성 등

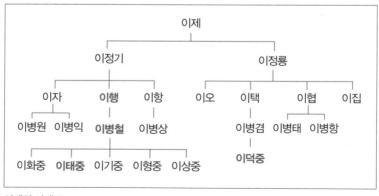

이제의 가계도

송시열 초상(국보 제239호, 국립중앙박물관)

의 직책을 임명받았지만 사직하기 일쑤였다. 이러한 그를 두고 지금 세상에서 선비의 마음을 보존한 이는 공 하나뿐이라 평하기도 했다.[6] 송준길도 이정기를 "학식과 지조가 있는 비상한 사람"이라고 추천하니 효종도 위로하고 중용하려고 했다. 그러나 이정기는 사임하고 벼슬길에 나가지 않았다. 말년에 명망과 지위가 점점 높아지니 상·하의 기대 또한 중했다. 이정기는 자제들에게 교육하기를 "선비는 마땅히 식견을 먼저 넓히고 그러한 뒤에 재예(才藝)를 가져야 한다" 하고 "일조의 분함을 참지 못하고 화가 그 몸에 미치게 한다면 너무나 두려운

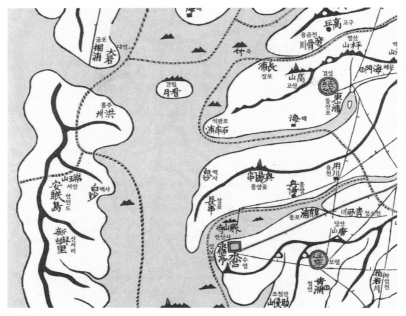
결성현

일이다"고 말했다.

이정기는 다른 벼슬에 나가지 않았으나, 1671년 대기근이 있을 때에 한성부좌윤으로 진휼청의 제조(提調)가 되어 굶주린 백성의 구제에 힘썼고, 동궁의 교육에도 참여했다. 동생 이정룡의 후손도 숙종 때의 유명한 청백리 이병태를 낳았다.

이정기에 대해서는 우암 송시열이 그의 신도비명을 짓고 송준길이 글씨를 모았으며 김수항이 전자(篆字)를 써서 묘비를 세웠다. 그가 큰 뜻을 펼칠 식견과 실천할 의지를 갖고 있었으면서도 시대를 제대로 만나지 못한 것을 유림의 쟁쟁한 인물들이 함께 애석해했다. 이정기는 젊어서는 스스로 월파(月波)라 했고, 늙어서는 귀천(歸川)이라고 했다.

이정기는 이자, 이행, 이항 세 아들을 두었는데, 세 아들 모두 결성의 삼산고을(현재의 보령시 천북면 신죽리)에서 살았다. 둘째 이행은 어려서부터 재주가 남달랐다. 이행은 17세에 이단상 문하에 들어가 기형(璣衡)과 기삼백(朞三百)˙을 마치 물건이 칼날을 맞아서 나뉘듯 쉽게 해득했으니 기이하게 여겨졌다. 스승 이단상이 양주 풍양으로 내려와 살기에 이행도 그 곁에 작은 서재를 세우고 지학(志學)이라고 이름을 붙였다. 이단상은 선비다운 자세와 비범한 능력을 평가해 이행을 사위로 맞이한다. 또 이행은 이듬해에 가례(家禮)에 대해 우암 송시열에게 배웠다. 갑인년에 사화가 일어나 세상과 인연을 끊고 광릉 선영 아래로 물러나 칩거했다. 기사년에 송시열 선생이 사약을 받고 돌아가시니 결성의 삼산으로 돌아가 집을 짓고 살았다. 몇 차례 벼슬이 있었으나 나아가지 않고, 돈녕부판관을 마지막으로 세상을 떴다. 이행은 풍의가 빼어나고 정대해서 모나지 않았지만 옳지 않은 것을 보면 반드시 정색을 하고 준절

˙ 기형과 기삼백은 역학에서 숫자를 풀이하는 방법을 말하는데, 조선 중엽 이후부터 조선의 역학은 주로 상수 역학이 관심을 모았다.

히 나무랐으니 사람들이 매우 어려워했다. 이단상의 사위인 이행은 아들 이병철을 두었는데 30대 중반에 일찍 세상을 떠나게 된다. 그래서 손자 이태중은 할아버지 이행의 손에 자랐다.

할아버지 이행의 손에서 자란 이태중
숙부 이병상 영향 많이 받아

이정기의 셋째 아들 이항은 이병상을 낳았는데, 이병상은 사촌 이병철이 일찍 죽자 집안의 어른으로서 중심적 역할을 할 수밖에 없었고 조정의 중신이었으되 벼슬에 잘 나가지 않고 강직하고 청렴한 선비의 처신을 보여주었다. 그래서 영조도 이태중을 흑산도에 유배를 보내면서 네 집안의 이병상을 본받으려 하느냐고 질책한 것이다. 이태중의 가계에서 이병상이 동시대의 인물로서 선비의 바른 자세, 생활 태도 등에서 이태중에게 미친 영향은 매우 컸다.

또한 이태중과 함께 과거시험을 보고 급제한 이덕중은 이정룡의 3대손이고, 이제의 4대손이다.

이단상, 이태중의 할아버지 이행의 스승……
사위 삼아

이태중의 할아버지 이행은 17세 때 이단상의 문하에서 공부를 했다. 이때 스승 이단상은 명철하고 담대한 뜻을 지닌 이행이 앞으로 큰 인물이 되겠다고 여겨 자신의 손녀딸과 혼인을 시켰다.

이행의 아들 이병철도 이단상의 아들 이희조 밑에서 공부했으나 이희조가 유배당하면서 고향에 돌아왔다. 이병철의 부인은 이조판서 박태상의 딸이었고 외할머니는 우의정 이행원의 딸이었다. 이병철은 혼자 몸으로 빈한한 집안 살림을 잘 챙겨서 문중의 기대가 높았으나 진사 이후 과거를 보지 못한 채 37세에 병으로 사망했다. 이병철의 세 아들 이화중, 이태중, 이기중이 이희조 문하에서 수학했다. 이태중의 어머니 반남 박씨가 할머니와 마찬가지로 여사로 불릴 정도로 여장부의 풍모가 있었고 사리분별이 밝아 형제간의 우애가 도타웠다.

이태중의 증조인 이정기가 김상헌의 형 김상용의 손자사위가 되고 할아버지 이행이 이단상의 맏사위가 되면서 농암 김창협과 동서 간으로 연결된다. 농암 김창협과 삼연 김창흡은 이행의 집에 자주 찾아와 술과 시문을 즐겼으며, 김창협은 묘지명과 시를 통해 이행이 예학과 역학에 뛰어났다는 것을 거듭 밝히며 존경을 표하고 있다. 이런 인척 관계는 사제 관계까지 겹치고 정치적 결속으로 연결되어 김창협, 김창흡의 아버지인 김수항이 기사환국으로 사사되었을 때 이행은 관직을 버리고 은거하게 된다.[7] 정치적 고난을 같이하면서 정치 현실에 대한 비판적 인식을 심화시키는 요인이 되었다.

숙종과 영조 시대의 잇따른 환국은, 정국의 주도 세력을 교체하는 의미를 띠지만 선비 사회와 일반 백성에게는 뚜렷하게 설명되지 않는 왕의 변덕 또는 무능으로 비쳐졌다. 더욱이 군왕에게 충성한다는 신하들을 역적으로 몰거나 죄인 취급하는 일은 어떤 명분으로도 합리화되지 않았다. 고명한 대신과 학식이 도저한 신하를 하루아침에 역적으로 만드는 일은 정상적인 사고를 가진 사람들에게는 도저히 이해할 수 없는 일이었다.

조선 전기의 각종 사화로 유능한 인물들이 과거를 포기하고 처사로 살았고, 숙종과 영조 시기에도 처사형 선비들은 부지기수였다. 그런데 한산 이씨 가문은 명망과 학식 그리고 문한세가(文翰世家)로 이름이 높았고 백성의 고통을 구제하려는 사업에 뜻을 두었다.

이태중은 부친 이병철의 둘째 아들이었고, 형 이화중, 동생 이기중, 이형중, 이상중이 있었다. 동생 이기중의 아들은 시인 서화가로 유명한 이윤영과 이운영이다.

이태중의 자식으로는 유배지를 언제나 따라다니며 아버지와 함께 고난을 함께한 첫째 이복영, 둘째 이득영, 셋째 이극영이 있었는데, 첫째 부인 안동 권씨가 셋째 극영을 출산하고 죽자 극영을 동생 이형중의 양자로 보냈다. 재취 밀양 박씨 소생으로는 이직영, 이익영, 이학영, 이목영이 있었다. 이직영은 친구 윤심형의 딸과 혼인을 한다.

2장

스승 이희조와 지인들

스승 이희조······ 각별했던 연안 이씨 집안

이단상이 이태중의 할아버지인 이행의 스승이었고, 이단상의
아들 이희조는 이태중의 스승이었다.

이희조(1655~1724)는 초야에 묻혀 있는 선비를 추천하는 유
일(遺逸)˙로 천거되어 숙종 6년(1680)에 벼슬길에 올랐다. 해주
목사, 대사헌, 이조참판을 역임했으나 1721년에 발생한 신임
옥사로 김창집 등 노론 사대신이 유배당할 때 같이 영암에 유
배되었다. 월사 이정구의 증손이고, 할아버지는 이조판서 이

˙ 초야에 묻혀 있는 선비로서, 학식과 인품을 갖추고 있으면서 세상에 알려
  지지 않은 경우 이들을 과거시험 없이 발탁하는 인재 등용 방법이다.

《지촌집》

명한이며 아버지는 부제학 이단상이다.

이희조는 영암에서 철산으로 이배되던 중에 정주에서 사망했다. 그는 조정과 유교에서 중요한 위치를 점하던 인물이었는데, 유학 이론에 매우 밝았고 인품과 덕망이 매우 높아 따르는 이가 많았다. 이희조의 큰누이가 이태중의 할아버지인 이행의 부인이었기 때문에 이희조는 누나의 손자를 맡아서 가르쳤다. 스승 이희조는 이태중을 매우 아꼈다. 이단상과 이행의 학맥이 이단상의 아들 이희조의 문하에서 이태중과 이화중(1693~1745), 이기중(1697~1761) 형제 등이 수학하면서 지속되었다.

스승 이희조는 1724년에 하직했으나 그의 문집인《지촌집》
32권은 이태중이 황해도관찰사 시절에 판각에 들어가 평안도
관찰사 때 간행된다. 문집 간행은 막대한 재정이 드는 일이었
는데, 그 당시에는 대개 관찰사직을 할 때 스승이나 친구의 문
집을 간행하는 것을 볼 수 있다. 이태중의 조카 이윤영의《단
릉유고》도 그의 벗 김종수가 평안도관찰사 시절에 간행했다.
이태중은 스승 이희조에 대해서 이같이 회고했다.

> 선생은 월등하게 뛰어난 자품으로 일찍이 부모와 스승°의
> 가르침을 받았으니 그 연원과 문로는 더할 것이 없고, 학덕
> 의 높은 명망은 일세의 모범이 되었으며, 사람의 종장이 되
> 었다. 그런데도 선생은 오히려 하찮게 여기시고, 일찍이 유
> 자(儒者)라는 어른을 자처한 적이 없다. 강학하고 논변하신
> 것도 또한 삼가 조정의 헌장을 지켜서 기이한 설을 만드는
> 것을 즐겨하지 않았으며 시문의 저술하는 것도 일체 여사(餘
> 事)로 여기었다. 무릇 지은 글은 크고 작은 것을 막론하고 대
> 부분 입에서 나온 대로 일필휘지하여 편을 마치셨다. 반드
> 시 세세하고 구석구석까지 뜻을 통달하는 것을 위주로 하고

• 부제학 이단상. 이희조의 아버지이다.

글을 점검하고 수정하는 것을 달갑게 여기지 않았다. 그러나 그 언어에 드러나고 문자에 나타난 것이 거개가 사물의 법도와 백성의 도리에 관계된 바였으니, 그 지으신 문장이 또한 잘 보이게 꾸미거나 헛된 말을 하는 자와 어찌 비할 것인가.

이태중은 스승 이희조를 30년간이나 모시면서 곁을 지켰다.

선생의 세상 때에 유림들이 분열할 조짐이 있었고, 사특한 설이 일어나서 우리 유도가 거의 떨치지 못하였다. 선생이 깊이 근심하고 탄식하시어 일찍이 분별한 것이 드디어 소인배들의 화를 면하지 못하였다. 남으로 귀양 가고, 서쪽으로 옮겨지다가 드디어 명이 다하여 졸하였으니 백세 후에도 이에 슬퍼하지 않을 자가 있겠는가?

소자는 선생을 거의 30년 모시고 매번 선생의 궤장의 곁을 따라다녔다. 가만히 그 의를 논하고 사물을 분별한 것을 살펴보니, 아는 것은 반드시 그 궁극의 경지를 다하였고, 말할 때는 미진한 점이 없었다. 가리키는 뜻이 간절하고 경계와 한도가 분명하였으니 말이 애매하거나 의미를 파악하지 못하는 것을 학문하는 자들의 매우 큰 폐단으로 간주하였다.

강상의 중대함과 순역의 엄정함도 어영부영 뒤섞이고 우물

쭉물 분별하지 못하니, 소자와 같이 일찍이 가르침을 받은
자는 단지 이 한 질의 책을 끌어안고 산골짜기에 들어가 죽을
때까지 당일 알아주고 장려해주신 뜻을 저버리지 않고 싶다.

《지촌집》 발문을 쓴 이태중의 심정처럼 스승 이희조는 그냥
지식을 전수해준 사람이 아니라 인간이 어떻게 살아야 하는지
를 그대로 보여준 분이었고, 이태중은 그대로 따라서 살고 싶
었던 것 같다.

이희조, 조카 사위 조영석에게 그림 그리라 시켜

이태중에 대한 또 하나의 일화가 이인상의 〈관아재(觀我齋)의 지
산도초본에 부친 발문〉이라는 글에 있다. 이 발문은 이인상의
《능호집》에 실려 있는데,[8] 관아재 조영석(趙榮祏)이 그린 지산도
초본(芝山圖草本)에 쓴 것[9]으로서 그림의 내력은 다음과 같다.

안음* 조영석을 관아재로 찾아뵈었을 때,** 나(이인상)는 모

---

* 조영석은 안음현감을 지낸 적이 있었다.
** 조영석의 나이 61세(1746) 때에 이인상이 조영석을 방문해 문예를 논하는
중에 30여 년 전에 조영석이 그린 〈지산도(芝山圖)〉에 관해 말을 했는데, 그

작한 〈서원아집도〉를 보게 되었다. 내가 '후세의 인물들은 작은지라 소동파나 황정견 같은 분을 만나기란 참 어렵습니다'라고 했더니 공은 탄식하며 이렇게 말씀하셨다.

'기축년(1709)에 지촌 이희조 선생이 경기도 양주의 풍양에 사실 때 영지산(靈芝山)●의 태극정에 머물고 계셨는데, 정자에는 큰 바위와 맑은 샘이 있었고, 앞에는 큰 들이 펼쳐져 있었으며, 소나무며 측백나무며 단풍나무, 느릅나무가 처마 위 햇살을 가리고, 물결은 살랑살랑 일고 있었다네. 삼연 선생(김창흡)이 설악산에서 찾아오셨고, 조정에서 물러나 재야에서 한가롭게 지내셨던 몽와 김선생(김창집)은 동자에게 지팡이를 들려 뒤따르게 하면서 소를 타고 오셨다네. 그리하여 다들 태극정에 자리하셨지. 당시 몽와 선생은 서문을 지어 그 정황을 기록하셨는데, 그 글이 자못 힘차고 굳셌다네. 훗날 내가 지촌 선생을 찾아뵈었더니 선생께서는 이 서문을 꺼내 보여주시며 나에게 작은 그림을 그려 기념이 되게 하라고 분부하셨네. 나는 당시에는 이분들의 일을 심상(尋常)한 일로만 여겼지만, 그런 분들을 이제 다시는 접할 수 없지 뭔가.'

림의 소실에 대해 안타까워했다고 한다. 이때 조영석은 이인상에게 지산도의 초본을 보여주었고, 빌려주었다는 것이다.
● 경기도 양주에 있는 산. 줄여서 지산이라고도 한다.

이윽고 조공께서 오래된 종이 속에서 지산도초본을 찾아내 손가락으로 가리켜 보이면서 말씀하시길 '오건(烏巾)을 쓰고 단아하게 두 손을 맞잡고 앉아 계신 분은 지촌선생이시고, 돌아보고 빙그레 웃으시며 들판의 소를 탄 사람(김창집)을 바라보고 계신 분은 삼연선생(김창흡)이시네, 또한 자리 중에 있는 사람은 의령현감인 김시좌*이고 난간 사이의 동자는 지금의 이교리 태중(台重)일세'라고 하셨다.

30여 년이 지난 지금, 선생의 문하에 남아 있는 분이 누가 있는가. 듣건대 그림은 이미 유실되었고 태극정은 점점 퇴락한다고 하니 그곳의 나무 하나며 돌 하나를 누가 기억할 것인가? 내가 이를 몹시 슬퍼하여 마침내 초본을 빌려 돌아와 이 사실을 적어 간직한다.

1709년 조영석이 영지산 태극정에서 김창흡, 김창집 선생 등과 담소를 나누었는데, 그림에 대해 설명하면서 어질고 덕망 있는 분들이 아직 살아 계신다며 위안을 하고 기록으로 남기라 하던 바로 그 자리에 있던 동자가 이태중이라는 것이다. 1709년이니 이태중의 나이 15세 때의 일이다.

• 김창협의 족질이자 제자. 김창협의 문집《농암집》의 편집을 주관했다.

조영석이 그린 〈방당인필어선도〉

도량이 크고 후중하여 풍채와 품격이 엄숙하고 정갈
이희조의 손자 이민보의 이태중 제문

그리고 이태중에 대해 자세하게 기록한 인물이 이민보(1720~
1799)이다. 이민보는 사간원대사간 이양신의 아들이고, 이희
조의 손자다. 이민보는 여러 직책을 거쳐 공조·형조판서를 지
낸 후 보국승록대부(정1품)를 역임했다. 그의 저서로 자신의 시
문집과 간찰 등이 편집된 《풍서집》이 있다. 이 문집에 이태중
이 사망한 1756년에 쓴 제문이 실려 있다. 자신과 연배가 멀지

만 조부(이희조) 이래로 사계(事契)와 정의(情義)*가 도탑고 진지했기에 사랑하심이 특별했고, 자신을 아우처럼 돌봐주어 형제처럼 본 지 수십 년이라고 회고하고 있다.[10]

말세에 태어나 도탑게 받은 굳센 자질로 도량이 크고 후중하여 풍채와 품격이 엄숙하고 정갈하였다. 그 화순(和順)함이 규문에 쌓였으나 의리로 바로잡았고, 인자하게 돌보아주는 은혜가 뭇 사물에 미쳤으나 시기와 미움에는 굳셌다. 평상시를 살펴보면, 유유자적하고 화기애애하며 평탄하고 진솔하여 모나지 않았다. 시비와 사정의 분별, 거취와 진퇴의 결정에 있어서 분석이 명쾌하고 지조가 과단하고 엄격하여 나라에서 불러도 흔들리지 않을 정도로 확고하여 맹분(孟賁)과 하육(夏育)**도 빼앗을 수 없었다. 비유하자면 훈풍이 따스하게 불어와 만물을 자라게 하는 충만한 뜻이 있으나, 높은 벼랑과 깎아지른 절벽에 굳센 소나무가 우뚝 서 있는 것 같

• 인정과 정의.
•• 맹분은 전국시대의 용사로, 소뿔을 뽑을 힘이 있었다. 물 속에서는 교룡(蛟龍)을 피하지 않았고 육지에서는 외뿔소와 범 같은 맹수도 피하지 않았는데, 한번 노하면 소리가 울려 천지를 진동시켰다고 한다.
하육은 주나라 때의 이름난 용사로 위나라 사람인데, 천균(千鈞)의 무게를 들 수 있을 정도로 힘이 세었다고 한다(《史記》卷101〈袁盎晁錯列傳〉;《史記》卷79〈范雎蔡澤列傳〉).

아서 또 쉽게 붙잡고 매달리기가 쉽지 않는 것과 같다.

작은 일개 몸으로 쇠미한 가운데 떨쳐 일어나, 국가 강상의 대의를 자임하여 세상에 나갈 때나 물러날 때나 말할 때나 침묵할 때나 이것을 기준으로 삼았다. 과거에 급제한 뒤로 20여 년 동안 단 하루도 벼슬길에 오르지 않았다. 쫓겨나서 유배지를 떠돌며 온갖 화를 겪으며 전후로 재를 넘은 것이 대여섯 번이나 되니 공도 또한 늙었다.

공의 평생을 뽑아보면, 벼슬과 녹봉을 폐해나 하찮은 것으로 여기고, 험난한 구덩이에 처하여서도 평탄한 길을 가는 것 같았다. 벼슬이 경월*보다 높았으나 베옷의 변폭(邊幅)을 바꾸지 않았고, 지조가 금석보다 곧았으나 풍치가 사방에 넘쳐났다. 집안에서나 백성을 대하는 법칙은 야박한 자를 후덕하게 하고, 탐내는 자를 청렴하게 하지 않은 것이 없다. 나는 공을 알고 공에 심복하는 사람으로서, 표리와 본말이 한 치도 어긋나는 것이 없다.

이민보는 제문에서 슬픔으로 시를 마무리하고 있다.

고삐 묶어 호군(湖郡)에 필마로 오니

• 3품 이상의 벼슬.

무덤 풀은 묵어가고 연제(練祭) 지낼 날이 돌아오는구려
천시를 우러러보니 만감이 교차하는데
단지 흐르는 눈물 진췌장*에 펑펑 쏟아져내릴 뿐

윤심형, 벗이자 사돈

윤심형(1698~1754)은 이태중보다 네 살 어렸지만 평생 함께한
벗이다. 2년 먼저 죽었다. 본관은 파평, 호는 임재이다. 과거는
9년이나 일찍 등과했고 그것도 장원이었다. 그러나 그는 사헌
부정언으로서 여러 현안에 대해 상소했으나 왕의 응답을 받지
못하고, 오히려 신임옥사 때 함께 추방되어 삭직되었다. 이광
좌와 조태억의 남은 죄를 직언하다가 1728년 정미환국으로
작은 아버지 윤봉조가 귀양을 가고 노론의 영수인 영부사 민
진원 등 수십 명이 파직당할 때 같이 파직되었다.

이듬해 영조가 기유처분을 내려 노론의 사대신 중에 조태
채·이건명은 복관(復官)하도록 조치하자, 신설(伸雪)이 고르지
못하고 국시(國是)가 펴지지 못했다는 것을 주장하고서는 시골

• 진췌장이란《시경》,〈대아(大雅) 첨암〉에 "현인이 죽으니 이 나라가 병들었
  네"라고 한 것을 가리킨다.

사인암에 새겨진 이태중과 윤심형의 이름*

로 가 끝내 출사하지 않았다.

　윤심형의 작품으로는 〈산수도〉 한 점이 전해지는데, 이 작품은 중국 원나라 말기의 화가 왕몽의 화풍을 본받아 수목산수를 둥글둥글한 준법과 세필로 꼼꼼히 그린 대작이다. 저서로는 《임재집》이 있다.

　윤심형은 이태중의 조카 이윤영의 스승이기도 해서 시국과 유학, 학식 등에서 이태중과 깊은 교감을 가졌다. 이윤영, 이인상 등이 단릉 사인암에 윤심형, 이태중을 새겨서 선비들의 귀감이 되기를 빌었을 정도로 이태중, 윤심형 모두 기조와 절개

---

* 이태중, 민우수, 이기중, 윤심형이라 새겨 있다.

윤심형의 〈산수도〉

가 높았다. 사인암의 아름다움에 맨 처음 매료된 사람이 윤심형이었고, 이윤영이 단양에 세운 정자에 창하정이라고 편액을 달아준 사람도 윤심형이었기 때문에 이윤영은 스승의 마음을 잊지 않기 위해 사인암 벽에 그의 이름을 새겨넣게 된다.

특히 윤심형의 처사적 삶과 학문이 이윤영에게 커다란 영향을 주는데, 윤심형의 인문오도(因文悟道)*는 이윤영에게 그대로 계승되었다. 학문뿐만 아니라 서화 등 문예 전반에 영향을 주었다. 윤심형은 이윤형과 함께 도봉서원, 고란사, 단양 등 산수 유람하면서 시를 주고받기도 했으며, 이태중과도 시사(時事)를 논하며 비감을 토하기도 했다고 한다.[11]

윤심형과 이태중은 사돈 관계를 맺기도 한다.

남유상, 남유용과의 인연

남유상과 남유용(南有容, 1698~1773)은 형제이며, 본관은 의령이다. 증조할아버지는 대제학 남용익이고, 할아버지는 대사헌 남정중, 아버지는 동지돈녕부사 남한기, 어머니는 청송 심씨

---

* 도문 일치적 문예관을 말함. 오도(悟道)의 방법으로 문장을 전면에 내세워 문장의 가치와 중요성을 강조할 뿐만 아니라 문장의 궁극적 목표가 도를 깨치는 것에 있다는 것을 분명히 했다.

이다.

남유상은 이태중의 벗으로, 이태중이 영암으로 이배됐을 때 조명조의 집에 먼저 기거한 인연이 있었다. 남유상의 시와 산문집에는 이희조 집안의 여러 인물들에 대한 제문 등이 실려 있어서 이희조 문하의 문인이었을 가능성이 크고 이태중과 함께 수학한 것으로 보인다. 이태중과 삼사에서 함께 일했고, 서로 뜻을 나눴던 동료였다. 이태중이 흑산도 유배에서 영암으로 이배되었는데, 거처가 바로 남유상이 유배 생활하던 곳이고 조명조에게 글을 가르친 것으로 파악되자 이태중은 남유상의 문집을 간행할 것을 동생 남유용에게 권유한다. 남유상이 안타깝게 33세의 나이에 죽었기 때문이다. 이후 남유용은 《태화자고(太華子稿)》라는 형 남유상의 문집을 1736년에 간행한다.

이태중과 남유용 간에 서로 주고받았던 간찰을 통해서도 두 사람의 인연이 드러난다. 남유용은 홍문관제학, 형조판서 등을 역임했는데, 1754년 이태중에게 편지를 보내 이희조의 문집 간행 관련된 내용을 말하고 있다. "병중이기 때문에 《지촌집》을 자세히 보지 못해 오자가 있을 것이니 다시 교정하는 것이 어떻겠느냐?"고 묻고 있다.

한 해가 저물어가니 그리움이 더욱 절절하군요. 이럴 즈음에 편지를 보내주시니, 무척 반가워했음을 알 수 있을 것입니다. 더구나 요사이 추운 날씨에 대감의 건강이 더욱 좋으심을 알았습니다.

나는 오래도록 병을 앓고 있습니다. 종기가 환약처럼 커져서 달포나 병상에 누워 여러 가지로 고통스러워하고 있습니다. 큰 증세는 조금 회복된 듯한데 나머지 병증은 아직도 걱정되는 곳이 많습니다. 이 또한 하나의 액운이니 어찌하겠습니까.

와룡사(臥龍祠)*의 비문은 비록 전하의 조칙을 받아 대신 짓는 글과는 차이가 있지만 대체로 중요하고 큰 글입니다. 그런데 현재 관각(館閣, 홍문관과 예문관)을 맡은 분을 제쳐두고 내가 부탁을 받았으니, 비록 끝내 사양할 수는 없지만 또한 대뜸 왕명에 응할 수도 없습니다. 만일 조정으로부터 다시 재촉하는 일이 없으면 글을 지어올리는 것은 결국 기약하기 어려울 것입니다. 어찌 생각하시는지요? 글씨를 쓰는 것은 나도 어떤 사람이 합당할지 모르겠습니다. 퇴어옹(退漁翁)**

• 제갈량과 악비를 합향(合享)해놓은 사당으로, 평안도 영유현에 있었다.

•• 퇴어옹은 김진상(金鎭商, 1684~1755)의 호이다. 본관은 광산(光山), 자는 여익(汝翼), 호는 퇴어(退漁)이다. 사계 김장생의 현손이다. 1712년 정시 문과에 급제해 이조정랑, 부제학, 대사성, 대사헌을 거쳐 1753년 좌참찬에까지 이르렀다. 글씨에 능해 많은 비문을 썼다. 문집으로 《퇴어당유고(退漁堂遺稿)》가 전해진다.

이 기꺼이 쓰려고 하지 않는다면 유태(孺台)와 서령(舒令)*
중에서 한 사람이 써야 할 듯합니다.

영의정이 당한 일은 매우 낭패입니다. 높은 자리에 있으면
서 정치에 도움이 없었으니 위태로운 조짐이 이미 오래되었
는 데도 정성이 부족하여 조금도 구해내지 못했습니다. 부
끄럽게 저버린 마음은 나와 그대가 어찌 차이가 있겠습니
까. 윤경평(尹景平)**은 이미 저승으로 갔으니 어느 곳에선
들 이 사람이 그립지 않겠습니까. 슬프고 슬픕니다.《지촌
집》은 병을 앓고 있어 자세히 볼 수 없지만 왕왕 오자(誤字)
가 보입니다. 다시 교정하는 것이 어떻겠습니까?

이로써《지촌집》편집에 이희조의 손자 이민보와 남유용이
교정 편집하고, 이희조의 아들 이양신, 박필주, 신경이 수집 편
찬한 것을 알 수 있다. 이럴 만큼 남유용은 이태중과 가까운 지
인이었을 뿐만 아니라, 이희조를 스승으로 동문수학한 관계로
보인다. 신경이 이양신에게 보낸 편지에도 박필주와 이태중이

● 유태는 윤급(尹汲, 1697~1770)으로, 자는 경유(景孺), 호는 근암(近菴)이다. 벼
   슬은 이조판서에 이르렀다. 서령은 누구인지 확실치 않다.
●● 윤경평은 윤심형의 자이다. 본관은 파평(坡平), 호는 임재(臨齋)이며, 부사
   윤봉소(尹鳳韶)의 아들이다. 정시 문과에 장원해 전적이 되었다. 저서로는
   《임재집》이 있다. 시호는 청헌(淸獻)이다.

동의했다는 얘기를 전하면서 이희조가 박세채에 대한 존경이 컸으므로 그 점을 반영해 편집하자고 말했다.[12] 스승 이희조의 아들 이양신이 원고를 신경과 함께 수집하고 편찬했으나 간행하지 못한 것은 이양신이 1739년에 사망했고, 막대한 재원을 확보하지 못했기 때문이다.

이태중이 정기안(1695~1767)과 주고받은 편지에서도《지촌집》과 관련한 내용이 나온다. 정기안은 좌의정을 지낸 정순붕의 후손이며, 정휘의 증손이다. 정기안이 보낸 편지에《지촌집》을 만드는 과정에서 이태중이 오자를 보게 한 내용이 나온다.

새해가 되어 몸의 거동을 신명께서 도와주시고 묵은 병 또한 깨끗이 나으셨다니 기쁘고 다행스러운 지극한 마음을 형용할 수가 없습니다.

선생께서는 평일에 일을 처리함에 반듯하고 엄하시지만 사람을 대함에 있어서는 온화하고 평안한 기상을 쌓으셨으니 비록 얕은 식견으로라도 그 만에 하나를 추측할 수 있겠습니까? 한스러운 것은 당시 선생께 가까이하여 몸소 가르침을 받지 못한 것입니다. 더구나 나라를 걱정하는 뜨거운 일편단심이 언사(言辭)에 넘쳐나니, 만약 오늘날 조정에서 사람들이 이러한 마음이 있었다면 백성이 궁핍하고 나라가 피폐

함이 어찌 이런 지경에 이르렀겠습니까?

……문집 가운데 오자(誤字)에 대해서는 거듭 재촉하셔서 십여 곳을 써올렸을 뿐입니다. 이만 줄입니다.

《지촌집》은 이태중이 황해도관찰사로 부임하면서 속도가 붙어 편집과 교정 작업이 진행됐으나 이 당시에는 완료되지 못해 이태중이 평양감사로 간 이후에 간행이 이뤄진다.

민우수, 정조의 첫 번째 스승

민우수(1694~1756)는 민유중의 손자이며 민진후의 아들이다. 권상하의 문인이다. 호는 정암이며 본관은 여흥이다. 저서로는 《정암집》이 있다.

1742년 평안도사, 이듬해 지평이 되었고, 1747년 집의, 이듬해 사복시정, 1750년 공조참의 겸 원손보양관이 되었다. 후에 대사헌을 지냈다.

민우수는 남유용과 함께 정조의 나이 3세 때 첫 번째 보양관으로 선임되었는데, 정조의 첫 번째 스승이었다는 점에서 적지 않은 정신적 영향을 주었다고 할 수 있다.

당시 저명한 문신이자 학자였던 정암 민우수는 이태중의 조

단양 청련암 삼성각. 이윤영이 지은 서벽정 자리이다.

카 이윤영보다 20세나 많은 연배였지만 이윤영이 말년에 단양에서 은거할 때 단양 등지에서 교유하면서 시를 지어주기도 했는데, 이윤영이 《주역》을 가까이하고 있다고 칭송하기도 했다. 민우수는 이윤영의 벗 민백선(겸)의 아버지이기도 하다.

이윤영이 1753년(영조 29년) 늦봄 단양에 정자 두 곳을 지었는데, 하나는 사인암에 지은 서벽정*이고 다른 하나는 구담봉

• 이윤영은 사인암을 보자마자 무릎을 꿇었다고 한다. 서벽정은 사인암 석벽

언저리에 지은 창하정*이었다. 창하정의 편액은 스승 윤심형이 쓰고, 민우수가 소기(小記)를 썼으며, 서벽정에는 기문(記文)을 민우수가 지어 정자에 비치했다고 한다.

단양 사인암에는 이태중 이름 옆에 민우수, 그 옆에 이기중, 윤심형순으로 이름이 새겨져 있다. 민우수는 이태중과 태어난 해와 졸한 해가 모두 같다.

사이에 터를 잡은 정자인데, 지금은 그 자리에 청련암 삼성각이 자리한다.
* 창하정은 장회리 구담봉 동쪽에 있던 정자로, 구담봉을 조망하는 최적의 자리이나 지금은 사라지고 없다.

당대 선비들의 시선

조정의 대신과 사관들은 소속 당파를 막론하고 이태중을 큰일
에 쓸 만한 인물이며 군자의 풍도를 지닌 인물로 보았다. 그러
면 조선 천지의 선비 사회는 이태중에 대해 어떤 기록을 남겨
놓고 있을까.

이윤영·이인상·김종수, 이태중 가르침에 복종

우선 영조 시대의 유명한 시인이자 화가였던 이윤영(1714~
1759)과 이인상 그리고 김종수의 평가를 살펴볼 필요가 있다.
18세기 중후반의 조선 사회 각 분야의 인물들을 모아놓은《병
세재언록(倂世才彦錄)》이라는 책에 이윤영에 대한 언급이 있는

데, 이 책에서는 이윤영을 시·서·화에 뛰어난 인물로 묘사해 놓았다. 이윤영은 또 당대의 명망있는 인사들과 폭 넓은 교우 관계를 가진 인물이었다. 그동안 이윤영에 대해서는 시인 또는 화가, 박지원에게 역학을 가르친 인물, 조선 문인 화가의 대가인 이인상의 절친한 벗 등으로 단편적으로 알려졌다.

하지만 이윤영은 높은 예술적 경지와 폭넓은 식견을 지닌 당대의 고사(高士)로 이름이 높았다.[13] 이윤영과 교류하거나 그림을 함께 그리거나 시와 편지를 주고받은 인물들은 거의 대다수가 당대의 이름 있는 명사들이었다. 이윤영은 과거를 보지 않은 처사형 선비로서 살았으면서도 어떻게 당대의 유명한 선비들과 교류할 수 있었을까. 또한 그는 당대에 커다란 관심과 화제를 모았던 서지문회(西池文會)라는 문인 그룹의 중심이 될 수 있었을까? 이는 그의 뛰어난 시작품과 그림뿐만 아니라 당시 사회 현실에 대한 높은 식견 등이 널리 알려지면서였다.

이윤영의 문집으로는 《단릉산인유집(丹陵山人遺集)》과 《단릉유고(丹陵遺稿)》가 있는데 〈냉천록(冷泉錄)〉, 〈상산록(常山錄)〉, 〈단릉록〉, 〈수정록〉 등에 600여 수의 시가 수록되어 있고, 〈산사〉라는 제명에는 18편의 산수기가 실려 있다.[14] 이 책자들은 김종수●가 이윤영의 사후에 평양감사가 되어 문집 간행을

● 김종수(1728~1799). 본관은 청풍. 정조의 세손 시절 세손의 스승으로 당론

사인암에 새겨놓은 이윤영의 시*

주도해 발행된 것이다.

이외에 그의 작품과 다른 이들의 문집에 남아 있는 이윤영의 교류 인물들은 매우 많다. 이윤영의 스승인 윤심형, 민우수, 사천 이병연, 문형을 지낸 남유용, 학문이 깊고 예술적 재능이

에 반해 세손을 옹호했으며, 그 뒤 정조 즉위 후 이조판서와 병조판서를 거쳐 우의정, 좌의정에 이르렀다. 정조에게 도의 정치를 역설하며 임금이자 아버지이면서 동시에 스승이 될 것을 건의했다. 당색은 노론이었으며 노론 강경파였던 선조들과는 노선을 달리해 당숙 김치인과 함께 노론 온건파에 가담했다. 대의명분에 입각한 군사부일체론을 주창했다. 뒤에 독립운동가 겸 정치인이며 임정의 부주석인 김규식의 종고조부이기도 하다.

• 홀로 서 있어도 두려워 말고 세상을 등져도 슬퍼하지 마라(獨立不懼遯世無悶).

높았으나 뜻을 펴지 못한 이양천, 시회의 벗인 임매, 이인상, 오찬, 김상숙, 김양행 등이 있다. 이양천은 박지원의 처숙이면서 스승이었다. 아래 세대로는 정조 때 재상을 지낸 김종수와 연암 박지원이 있다. 이들은 영조 시대의 4색 당파의 어지러운 싸움 속에서 소속된 가문과 혼맥의 구속을 받았지만 선비로서 갖추어야 할 나름의 기준을 갖고 있었다. 이들은 명분과 의리, 도학, 문학에서의 성취 등을 따져 교류 관계를 형성했는데, 이윤영은 관직에 나가 세도를 지향하기는커녕 과거를 보지 않는 '처사형' 선비로서 고매하고 예술적인 풍모를 깊이해서 서지문인회를 이끌었을 뿐만 아니라, 박지원에게 역학을 가르칠 정도로 가문의 깊은 역학 지식을 물려받았다.

선비들, 이태중과 윤심형을 으뜸으로 받들어
이인상, 〈수정루기〉에서 두 공 죽음을 슬퍼하다

서지문인회의 구성원들로는 시와 그림 등 여러 분야에서 뛰어난 문학적 성취를 이뤄낸 인물들로 이윤영, 이인상, 김상묵, 오찬, 김종수, 민백겸, 이양천, 송문흠 등이 있다.

선비들 가운데 맑은 의론(淸濠)을 견지하고 있던 사람들은 모두 삼산공 이태중과 임재 윤심형을 으뜸으로 받들었다. 두 공(公)은 모두 충성스럽고 곧았으며 지조와 절개가 있었는데, 서로 절친한 사이였다. 윤공은 물러나서 몸을 깨끗이 하였고, 이공은 벼슬길에 나아가 시대를 구하려고 하였다. 이윤영은 삼산공의 가르침에 마음으로 복종하였고 윤공을 스승으로 삼았다…… 얼마 지나지 않아 이공이 죄를 얻어 귀양 가고(흑산도와 갑산 유배) 윤공은 한수가로 돌아가…… 그 후 들으니 두 공(公)은 윤영을 이끌고 단릉에 들어가 그 산수를 즐겼다 한다.

두 공이 돌아간 뒤 윤영은 사인암(舍人)에다 두 공의 이름자를 새겼는데 그 글씨가 훤히 비쳐 지나던 사람들이 두 공을 사모했다고 한다. 얼마 안 있어 윤공은 타계하고 이공은 벼슬길에 나가 판서까지 이르렀다. 당시 나라에 일이 퍽 많아서 임금께서 공을 중히 여기며 의지하셨고 공 또한 충절을 다함을 자부하였다. 그리하여 우뚝하니 세도(世道)를 변화시키리라는 기대가 있었으나 공 또한 불행히도 병으로 돌아가시매 뜻과 사업이 끝내 드러나지 않게 되었다. 아아! 십 년 이래 윤영의 서너 벗이 또한 세상을 떴으니 두 공의 죽음을 진심으로 슬퍼할 사람이 누가 있겠는가.

어느 날 밤 윤영은 단릉에 들어간 꿈을 꾸었는데, 40길이 높이의 사인암이 수정산으로 변해 있었다. 그 모습은 희게 빛

나며 수려하였다. 꿈에서 깨자 느낀 바 있어 드디어 서루 이름을 '수정'이라 했으니 대개 두 공에 대한 생각을 부친 것이다. 아아! 꿈이란 것은 진실로 허탄한 것이나 사람의 정성에 감응하여 신기(神氣)가 꿈에 환하고 진실 되고 한결같이 나타나는 수가 있으니 모두 바른 이치에서 나온 것이라 할 수 있다.

대저 한 덩어리의 수정필산은 미미한 물건이고 사인암에 새긴 이름자는 까마득히 먼 일이건만, 숩기야 꿈에 나타나 서루의 이름을 수정이라 했으니 예전에 윤공이 술이 깬 뒤 못 빛과 달빛을 말한 일과 내가 술에 취해 벽에다가 글씨를 쓴 일과 서로 조응하는 듯하다. 이 휘황한 한 덩어리 돌은 투명하고 막힘이 없는 게 마치 밝은 마음과 같아서 족히 사람을 감동시키니, 두 공의 처음과 끝을 보는 듯하며 세운의 성쇄를 살필 수 있다. 이윤영의 수정루를 찾는 사람은 마땅히 임금에 충성하고 나라를 근심하는 마음을 가져야 할 것이다.

이 글은 능호관 이인상이 그의 절친한 벗 이윤영의 〈수정루기〉[15]에 남긴 글이다. 당시 사류들의 이태중에 대한 인상과 기대가 어떠했는지를 알 수 있다. 그리고 얼마나 사모하고 숭배했으면 사인암의 돌바위에 이태중과 스승 윤심형의 이름을 새겨 영원히 그들의 고결한 정신이 기억되길 바랐겠는가.

이윤영, 이인상, 김종수와 단양의 계곡에 들러

이윤영은 단양의 산수를 사랑해서 사인암에 거처를 정한 적이 있었다. 1751년 부친 이기중이 단양군수로 부임하게 되자, 3월 20일에 스승 윤심형의 장남 윤덕이와 동생 이운영과 함께 단양 땅을 찾았다. 며칠 뒤 김상묵과 김종수가 도착한다. 4월 2일에는 이인상이 합류해 이인상, 이윤영, 김종수가 찬미하는 글을 짓고 암벽에 새겼다.

> 승직준평(繩直準平) 뻗어오른 것은 곧고 수평은 반듯한데
> 옥색금성(玉色金聲) 옥빛에 금 같은 소리 어리어 있네
> 앙지미고(仰之彌高) 우러러보니 아득히 높아
> 위호무명(魏乎無名) 우뚝할손 비할 데 없구나

   위의 두 줄은 이윤영이 쓰고, 셋째 줄은 몽촌 김종수가 마지막은 이인상이 썼다.[•]

   이렇게 세 사람은 이태중과 윤심형에 대해 고결한 인격과 기개 높은 처신을 우러러 후세에 영원히 기억되길 희망했다.

   이윤영은 이태중의 동생 이기중의 장남이었다. 육친과 다름

[•] 〈인암집찬(人巖集贊)〉, '사인암집찬'이라고도 한다.

사인암에 남아 있는 세 사람의 시

없는 둘째아버지의 시국관과 선비의 처신 그리고 어떤 자세로
살아야 하는지를 가장 가까이서 지켜보고 온몸으로 체화시켜
나갔다. 그러기에 이윤영의 이태중에 대한 생각은 다른 사람
들과 다를 수밖에 없었다. 1740년 갑산 유배 시절에도 같이 가
고 의주부윤 겸 유배, 동래부사, 황해감사, 평양감사로 부임할
때도 이윤영은 동행했다. 이 과정에서 이윤영은 시인으로서
시작품도 썼지만, 유배길에 동참함으로써 기개 높은 선비의
고통을 함께하고 각 지역 백성들의 삶의 현실을 보고자 했을
것이다.

　이윤영과 이인상의 이태중에 대한 평가는 이인상의 〈수정
루기〉에 자세히 기록되어 있다. 이를 통해 같은 시대의 벼슬

이윤영이 그린 〈고산가〉

이윤영이 그린 〈연화도〉

이인상이 그린 〈수석도〉

하지 않은 인사들이 이태중에 대해 어떻게 바라보고 흠모했
는지를 명확히 알 수 있다.

　그리고 이윤영과 20여 년의 연배가 차이 나지만, 일찍이 이
윤영의 그룹에 함께 참여해서 영조의 탕평책의 문제점을 공유
했고, 구담봉 주유를 통해서 사인암에 시를 짓고 윤심형·이태

중의 이름을 새겨넣어 후세들이 이들의 고매한 삶과 기개를 기억해주길 바란 또 하나의 인물이 김종수다.

단양, 경북 지역에 따라 다녀
김종수, 영조 시대의 청류, 정조의 정치 기반이 되다

김종수(1728~1799)는 본관이 청풍, 자는 정부이며, 몽촌토성 인근에 살아 호를 몽오라 했다. 가까운 벗으로 이인상, 이윤영이 있는데, 산수 자연에 노닐며 아름다운 글을 지었다. 그 덕택에 우리 땅의 아름다움이 후세에까지 전해지게 되었다. 특히 김종수는 1756년 5월 이윤영 등과 함께 배를 타고 인천 앞바다의 영종도 일대를 여행했다. 영종도의 옛 이름은 자연도다.[*]

---

[*] 이태중, 이윤영의 선조인 목은 이색도 1380년에 공무로 자연도에 들러 송나라 사신을 접대하는 중에 경원정(현재 구읍)에서 앞바다를 바라보며, 평화롭고 아름다운 풍경에 매료되어 읊은 시가 남아 있다.

돛대를 두드리며 한가롭게 머금거린다.
아름다운 풍경에 젖어 노 저어 해변에 다다르니
저 먼 산에는 어느새 달이 휘영청 떠오르고 있네.
바다 모래사장은 띠 두른 듯 서려 있고
낚시대와 돛대는 비녀 세운 듯 총총하다.
내 한번 조각배의 흥취를 간직하였으니
훗날 다시 한 번 찾아볼까 하노라.

몽오 김종수가 암각화한 글씨*

자연도는 고려와 송나라를 오가는 뱃길이었다. 서긍의《고려
도경(高麗圖經)》에도 그 이름이 보인다. 목장으로 주로 이용되
었고 고려 때에는 가끔 유배객들이 들른 적도 있다. 김종수 일
행은 영종도 서쪽 큰 바다로 나갔다. 그러다 바람과 안개로 밤
새 표류하다가 겨우 월미도를 거쳐 인천으로 돌아왔다. 김종
수는 산수 유람에 벽(癖)이 있었기에, 비바람이 몰아치는 위험
한 상황에서도 배를 띄워 아름다운 풍광을 즐기려 했다.
　자연도는 물론 동래부사로 부임하던 이태중을 따라 경북 지

---

* 　유배 가서 죽은 벗 이유수를 비롯해서 1750년대에 이윤영과 이인상, 김종
　수와 교유했던 벗들의 이름을 새겼다.

역 유람도 같이했다. 이윤영 그룹에는 김창협의 외손이었던 오찬과 같이 과거에 장원급제한 인물처럼 김종수도 있었다. 김종수는 어제(御題) 시험에서 장원한 수재였다. 이태중과 이윤영이 세상을 뜬 이후 김종수는 출사했고, 정조 시대에 청류들이 대거 조정에 들어가 정조의 중요한 정치적 기반이 되었다. 후에 그는 좌의정에까지 올랐다. 김종수는 영조 시대 영의정 노론 탕평파 김재로의 증손이다. 김종수는 정조의 세손 시절 그의 스승이면서 정조를 엄호하는 역할을 맡았다.

후에 이천보, 유척기 등과 함께 소론과 손을 잡고 세손을 지지했고, 영조의 적손이니 정통 후계자라고 주장하면서 정조를 인정하지 않으려는 노론 주류와 견해를 달리하면서 이들은 이른바 청명파로 불렸다. 청명파는 조정, 김치인, 정존겸, 이명식 등이었는데 영조에게 파당을 만들었다고 해서 유배당했다. 김종수도 경상도 기장에서 유배 생활을 했다. 정조 즉위 후에 측근으로서 정조가 임금이면서 스승이고 아버지와 같아야 한다는 논리를 강조했는데 정조는 이 정치 이념을 수용했다. 김종수의 정치 행보와 이태중의 정치적 태도를 일치시킬 수는 없다. 정치적 상황과 위치가 다르기 때문이다. 다만 분명한 것은 그가 젊은 시절 이태중과 윤심형 등의 기개 있는 선비의 태도를 존경하고 따랐다는 것이다.

평안감영 '책방 조명조' 발탁

이태중과 관련해서 빼놓을 수 없는 인물이 조명조다. 조명조는 전남 영암에 거주한 창녕 조씨로 임진왜란 때 창의한 조세풍의 6대손이다. 조명조 집안은 영암에 유배당한 인물들의 객살이 거처로 알려졌다.

1721년 노론 사대신과 함께 유배된 동부승지 수은 홍석보와 첫 인연을 맺었고, 두 번째는 조명조가 24세 되던 해인 1728년 유배되어온 태화자 남유상이었다. 남유상은 1727년 성균시에 장원으로 급제했으나 영조 3년 소론의 영수 이광좌를 처벌하라는 상소를 했다가 신만과 함께 유배당했다. 남유상은 조명조의 집에서 유배 생활을 하면서 조명조의 총민함을 보고 그에게 공자와 맹자를 가르쳤다. 짧은 2개월의 유배를 마치고 중앙에 복귀했으나 그해에 생을 마감한다.

세 번째 인연이 바로 이태중이다. 1735년 4월부터 흑산도에서 위리안치형을 12개월째 하고 있었던 이태중이 1736년 3월 17일 위리안치형에서 벗어나 18일 영암으로 이배되면서 8개월 정도 조명조의 집에서 유배 생활을 하게 된다. 이태중은 남유상과 친구 사이여서 영암의 조명조에 대한 소식도 알고 있었을 것이다. 유배지에서 만난 조명조와의 인연은 《태계가보장》과 《태화집》 두 개의 문집에 녹아 있다. 《태계가보장》은 남

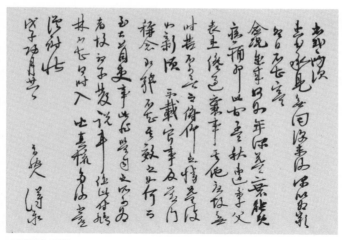
이득영의 간찰

유상, 이태중, 윤급, 오원, 윤심형, 홍상한, 이천보, 남궁필, 이태
중의 둘째 아들 이득영 등이 조명조에게 준 친필 서한과 시문
을 엮은 것이고, 남유상의 문집인 《태화집》에는 남유상이 조
명조에게 준 시가 실려 있다. 이 시는 남유상이 유배에서 풀려
서울로 돌아가기 전에 조명조가 청한 것으로 남유상은 문곡
김수항의 시를 차운해 이별시로 준 것이다.

시문을 모아 만든 《태계가보장》은 영암 조명조의 집에서 유
배 생활을 시작한 이태중이 며칠 후 윤심형이 보성군수 겸 정
배 중 영암을 지나가자 조명조가 보여준 남유상의 유묵을 함
께 보았고, 조명조로 하여금 첩(帖)을 만들어서 후세에 전하도
록 했다. 이 첩에 윤심형이 남유상의 시문을 필사해서 붙이고,

이태중이 발문을 썼다.

이태중은 영암 유배에서의 조명조와의 인연을 잊지 않고, 20여 년이 지난 1754년(영조 30년)에 평안감사가 되어 부임할 때, 조명조를 책방(冊房)*으로 부른다. 조명조가 50세가 되던 해이다. 조명조는 출발하는 날부터 평양에 도착한 이후까지의 일에 대해서 쓴 기행문 형식의《서관일기(西關日記)》를 남겼는데, 상·하 두 권이었으나 하권은 분실되어 현재는 없다. 상권의 필사본이 남아 있는데, 영암에서 평양까지 이르는 길목의 지역과 견문 내용이 세세하게 기록되어 있다. 먼저 지나는 고을과 역·원·참·진들이 적혀 있고, 행로의 지명과 노선을 자세히 밝히고 있으며 그리고 여정에서 만난 인사들의 면면과 그들과 주고받은 시문들이 실려 있다. 또한 당시 평양의 전체적인 분위기와 생활상이 표현되어 있다.

○ 주야(主爺, 이태중 평안도 관찰사를 지칭함)가 비록 술을 즐겨 하지 않아 주정(酒政)에 엄격하였으나, 따로 계당주(桂糖酒)**를 만들어 손님들에게 두루 맛을 보였다. 한 잔을 입에 넣으니 오장에서 향기가 일었다.

---

* 책방은 수령의 사용인(私用人)으로 필체가 좋은 사람을 데리고 가서 서기를 맡겼는데, 주로 맡은 업무는 회계였다.
** 소주에 계피와 꿀을 넣어 담근 술인데, 관서 지역의 계당주가 일품이었다.

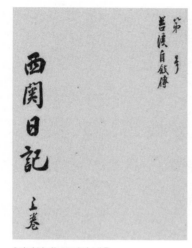

《서관일기》 표지와 내용

○ 밤에 빙등(氷燈)˙을 걸었다. 주야(主爺)가 나에게 보라고 하면서 '일찍이 이것을 본 적이 있는가?'라고 물었다. 내가 보지 못했다고 하자, 미소를 지으며 말하기를 '개보(開甫, 조명조의 자)는 본래 일 만들기를 좋아하는 사람이니 집에 돌아가면 반드시 이를 본받아 행하겠지' 하였다.

○ 6월 1일. 사야(使爺, 관찰사를 가리킴)가 대동강 강물이 불어났다는 말을 듣고 연광정(練光亭)으로 나와 앉으니 빈객들도 모두 참석하였다.

˙ 함경도나 평안도에서 섣달그믐에 걸어놓는 등을 말한다.

○ 6월 22일. 오시(午時)에 큰 비가 내려 하늘이 움직이고 땅이 흔들렸다. 밤에 선화당(宣化堂, 관찰사 집무실)에 모여 제호탕(醍醐湯)˚을 나눠 마셨다.

○ 사야(使爺)가 도사(都事)와 더불어 연광정(練光亭)에서 연회를 베풀자 감영에 있는 사람들이 모두 모였다. 나도 말석에 참여하여 술에 취해 벽에 붙은 시를 차운하였다.

○ 7월 20일. 사야(使爺)가 성(城)을 순시하겠다고 명령하자 북과 나팔이 하늘을 흔들고 깃발들이 하늘을 덮었다. 기생들도 모두 전포(戰袍)를 입고 말에 올라 무용(武勇)을 자랑하였다. 중군(中軍), 서윤(庶尹), 찰방(察訪), 비장(裨將), 책방(冊房)도 모두 뒤를 따랐다.

○ 24일. 태야(台爺)의 부모 기일이다. 제사가 끝난 뒤에 중화(中和)로 길을 떠났는데 사행(使行, 연경 사신단)들을 영접하기 위해서이다.

• 오매육·사인·백단향·초과 등을 곱게 가루로 만들어 꿀에 버무려 끓였다가 냉수에 타서 먹는 청량음료이다.

이태중은 술을 즐기지 않아 주정에 엄격했다는 것과 성을 순시할 때의 모습이 자세히 기록되어 있다.

이태중의 시장을 쓴 김조순

또 한 명의 저명한 인물의 평가도 빼놓을 수 없다. 이태중의 시장(諡狀)을 쓴 김조순이다. 김조순은 1765년 이후에 안동 김씨의 세도정치의 시조가 되었다는 점에서 비판을 받지만, 이는 그의 사후의 일이다. 김조순은 병자호란 당시 충절로 이름 높았던 안동 김씨 김상헌이 증조다. 김상헌의 손자 김수항은 숙종 때 영의정을 지냈지만, 기사환국으로 남인으로 정권 교체되면서 진도에 유배되었다가 사사당했다. 그의 아들 김창집은 노론이 재집권한 갑술환국으로 영의정이 되었다.

김조순은 김창집의 4대손이다. 그러나 소론 강경파였던 김일경이 노론 제거를 목적으로 일으킨 모함 사건인 신임옥사로 김창집은 목숨을 잃었다. 안동 김씨는 영조의 후반기 경주 김씨 김귀주와 세자의 장인 홍봉한의 척족 세력이 강대해지면서 이에 비판적인 청론(淸論)을 견지했다. 김창협의 손자로는 김원행과 김양행이 있다.

김조순은 정조의 탕평책을 적극 지지하는 시파로서 소론의

김조순

서유구, 이만수, 서명보, 서유린, 남인 정약용, 이가환 등과 교
류했다. 정조 내내 김조순은 조정의 요직을 맡아서 정조의 개
혁 정치에 든든한 후원자가 되었고 정조의 사돈이 되면서 척족
세력에 편입됐다. 순조의 장인으로서 경주 김씨와 벽파를 제거
하고 이른바 장동(壯洞) 김문(金門)이라는 세도 가문이 되었다.

하지만 김조순은 학식과 문장으로 이름이 높아 따르는 선비
들이 많았다. 그는 장문의 이태중 시장을 작성했다.

양서 백성들, 누가 우리 백성들을 살려주겠는가 통곡

김조순이 자세히 기술한 이태중의 자질은 다음과 같다.

기억력이 보통 사람보다 월등하여 소시에 외어둔 것은 늙어
서도 잊어버리지 않고, 문장을 만들면 조리가 창달하고 이
론이 풍부하며 소장을 급하게 만들 때도 임금에 고할 말은
다한다. 시 역시 격조가 높고 뛰어나다. 벼슬길에 나왔을 때
는 조야에서 보기를 상린, 서봉과 같이 하였으며 날마다 등
용되기를 바라지 않는 이가 없었다.
흑산도 유배 시에는 사류의 촉망이 더욱 커졌다. 이태중은
영조가 자신을 처음에는 당습에 빠진 교격한 자, 즉 상도를
벗어나 지나치게 격한 자로 보았으나 늦게 나의 절개를 빼앗
을 수 없음을 알았다. 오래도록 묵묵히 살피고 시험을 하였
다고 하면서 벼슬에 나갔다. 공은 은거한 지 20여 년에 명성
과 덕망을 지닌 한 세상의 표준이 되었다. 선비들 사이에서
일어난 시비와 득실을 반드시 공에게 문의하여 바로잡았다.
전라감사를 임명했으나 사직하고 나가지 않으니 덕망과 행
실이 함께 높아지니 비록 평소에 미워하던 자라도 헐뜯어 논
의하지 못하였다. 영조는 매번 조정의 연석에서 이태중의
상황을 물기도 하고, 조정의 신하들은 입을 모아 천거하였

다. 묘당의 추천과 인사를 다루는 전조(銓曹)의 주의(注擬)에
는 반드시 이태중을 먼저 추천하게 되었다.

10월 13일에 우저에서 63세로 서거하니 조정에 다다라서도
여러 번 한탄을 하고, 아까워하였다. 그를 구용(究用)하지
못한 것은 한 나라에 알지 못하는 사람이 없고 슬퍼하며 탄
식하지 않는 사람이 없었다. 양서(황해도와 평안도)의 백성들
은 누가 우리 백성들을 살펴주겠는가 하며 울었다.

4부
청백리 이태중

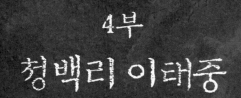

1장

조선의 괴물이냐
천하의 군자냐

군주가 신하를 업신여기게 해서는 안 된다

영조는 경연장에서 이태중을 괴물로 생각했었다고 실토한다.
때는 1747년(영조 23년) 10월 14일이다.

나는 처음에 이태중을 조선의 괴물(怪物)이라고 생각했다.

하지만 이 의심은 지속된다. 1750년 1월 연봉록이 24만 전*
이나 되는 전라도관찰사**를 임명해도 취임하지 않자, 그해

---

* 쌀 1가마니가 20전이므로 쌀 1만 2천 가마에 해당되는 금액이다.
** 각 도에 파견된 지방 장관으로, 관찰사라는 말 대신에 감사, 도백, 방백이라
  고도 했다. 임기는 1년이었지만 2~3년 하기도 했다. 관찰사의 기능은 크게

3월 진도 유배령이 떨어질 때 왕조실록 사관은 다음과 같이 쓰고 있다.

옛 군자의 풍도를 간직하니 사류들이 입을 모아 칭송

이태중은 생각하기를 신하가 임금을 섬김에 있어서 말을 하였다가 써주지 않으면 떠나는 것이 마땅하고 차라리 외진 곳에서 굶주려 죽을지언정 수치를 무릅쓰고 벼슬길에 나가 임금이 신하를 업신여기는 마음을 갖게 해서는 안 된다고 여겼다. 그리하여 엄한 신칙(信則)과 면려가 여러 차례 있었으나 더욱 굳게 뜻을 세워 넉넉하게 옛 군자의 풍도(風道)를 간직하니 사류(士類)가 입을 모아 칭송하였다.[1]

이태중은 20여 년 동안 한결 같았다. 임금이 신하를 업신여기게 해선 안 된다는 것, 임금의 덕이 바르게 펼치지 못하면 신하는 응당 도끼도 끓는 물도 두려워하지 말고 간언해야 한다는 것, 군자의 목표는 벼슬길에 나가 세상을 바꾸는 것이지만,

두 가지로, 첫째는 도내를 순찰하면서 1년에 두 차례 수령을 비롯한 모든 외관에 대한 성적을 평가해 보고하는 일이다. 둘째는 지방 장관의 기능으로, 도내의 군사와 민사 등 모든 업무를 지휘, 통제했다.

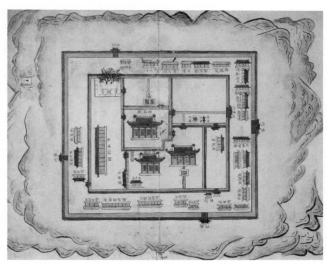

온양별궁전도*

관직과 부유함은 평생의 즐거움으로 삼을 수 없기에 벼슬직에
연연하지 말고 빈궁함을 두려워하지 말라는 것이다.

그렇기에 이태중은 영조에게 간언하는 것을 마다하지 않
았다. 공정하게 신하를 다루어야 하고, 바르고 평등하게 탕평
책을 실시해야 한다고 주장했다.

진도에서 유배 겸 군수직을 마치고 영조가 병조참지에 임명
했지만, 받아들이지 않는다. 영조는 묻는다.

• 온양에 특별히 따로 지은 궁궐의 지도.

"병조참지 이태중은 숙명(宿命)하였는가."

"이태중은 숙사(肅謝)하지 않고 온궁(온양별궁) 밖에서 명을 기다리고 있습니다."

"잘못을 기록하고 직산으로 잡아들이라."

승지 오언유와 도승지 조명리가 온갖 방법으로 권유했지만, 이태중은 끝내 마음을 돌리지 않고 밤새도록 비를 맞으며 명을 기다리고 있었다. 1750년(영조 26년) 9월 24일이었다. 이태중은 다시 상소를 올린다.

신하로서 임금을 섬기는 것은 처신할 의리가 가볍지 않은데, 한 사람의 거취는 하찮은 듯하지만 역시 세교(世敎)에 관계되는 것입니다.

"경을 귀하게 쓰려고 하는데 어째서 취임하지 않는가?" "저는 벼슬에 뜻이 없습니다"

영조가 이번에는 다시 전라도관찰사*를 명했으나 이태중은 나

• 첫 전라도관찰사 임명은 1750년 1월 5일이다. 이를 거부하고 진도 유배

조선의 지방 행정조직

가지 않았다. 영조는 이태중을 밤에 불러 간곡하게 말했다.

"나는 경을 귀하게 쓰려 하는데, 어째서 취임하지 않는가."
"저는 벼슬에 뜻이 없습니다."

(1750.3.26~8.27)를 다녀오고 나서 10월 14일 두 번째 전라도관찰사 임명이 떨어진다. 하지만 이태중은 나가지 않는다.

"지금 황해도에 기근이 들어 굶주리는 백성들이 많고 역병이 창궐해 죽어나가는 백성이 적지 않으니 이 일을 맡아서 해결할 사람이 경밖에 없으니 황해도에 가서 백성을 위로해주시오."

　의학에 조예가 깊은 것으로 알려진 이태중에게 역병을 해결하고 백성을 위로하라고 하니, 이태중은 백성을 위한 일이므로 이에 따랐다. 어느 경우이든 이태중이 흔쾌하게 관직 임명을 받아들인 것은 황해감사 때의 일이었다. 아마 이때쯤 영조가 이태중을 노론 강경파의 입장을 대변하거나 삼사를 선동한다는 터무니없는 오해를 하지 않은 것 같다.
　조정도 신유대훈(1741) 이후 노·소 간의 첨예한 대립 구도를 완화하고 탕평의 색깔을 조금씩 찾아가고 있었다. 또 "이태중을 중용해야 한다"는 말을 소론 대신과 노론 핵심들이 자주 거론하였고, 인물 추천 시 언제나 이태중을 선두에 넣었다. 하지만 여전히 뜻있는 선비들은 한결같이 영조의 탕평이 공정하게 추진되지도, 의리를 분명히 하지도 못한다고 생각했다.

2장

청백리의 뜻

청렴결백해야 인과 덕 실천

청백리(淸白吏)는 청렴결백한 관리를 지칭할 때 쓰는 말이다. 여기에서 청(淸)은 깨끗함, 맑음이 쌓여서 푸르름이 되고 깨끗함을 말하는 백(白)이 되어 때 묻지 않은 관리를 의미한다. 특히 유교를 지배 이념으로 한 사회에서 청렴결백한 관리가 되어야 인과 덕을 제대로 실천할 수 있다고 보았다.

조선은 초기부터 왕도 정치로서 덕치와 민본을 강조했으나 표면적인 정치 구호에도 불구하고 척신 세력이나 당파, 외척에 의해 군자의 왕도 정치는 공염불이 되고 반부패 제도인 삼사와 암행어사 같은 기구들이 제 역할을 할 수 없었다. 조선 왕조 초기에는 청백리보다 왕권에 충성하는 인물들이 필요했지만, 성종 이후 안정기에 들어선 이후부터 청백리를 언급하고 강조했다. 그래서 살아 있는 청렴결백한 관리를 염근리(廉謹吏)라 하고, 사후 인물을 청백리라 불렀다. 하지만 선조 이전에는 생존한 인물에게도 청백리 존칭을 붙였다.

청백리 선정은 왕과 주장하는 사람에 따라 다르지만, 그 기준은 절약과 검소가 첫째 덕목이었다. 수령 방백들이 낭비와 허례허식에 혈세를 쏟아붓고, 측근과 친인척들에게 각종의 특혜를 보장해주는 일이 다반사였다. 외척의 세도가 극성을 부리고 척신들의 횡포가 하늘을 찌를 때는 전국의 수령 방백들이 백성을 쥐어짜서 뇌물을 바치기에 바쁘고 국고를 착복하는 것이 예사였다.

따라서 지방관이나 고위 관리들의 생활 태도가 사치스럽고 호화스럽다면, 지탄의 대상이 되었다. 청렴 검소한 생활 태도가 개인의 일상생활뿐만 아니라 맡고 있는 수령 방백들의 조직 운영 과정과 연결된다고 생각했기 때문이다.

공자는 정치를 '바르게(正) 하는 일'이라고 보았기 때문에 정(正)과 직(直)을 강조했다. 이에 비해 맹자는 관료나 선비의 자세로 '염치(廉恥)'를 강조했다. 부끄러워할 줄 모르면 사람이 아니라는 것이 맹자의 생각이었다. 염치에 대한 맹자의 기준은 상당히 엄격해 조그마한 욕심이나 권모술수조차 용납하지 않았다.

공자   맹자

가져도 좋고 가지지 않아도 좋을 때, 가지는 것은 염치를 손상하는 것이다. 권모술수를 교묘히 하는 자는 염치를 쓸 곳이 없다.

의정부서 추천, 제신회의서 결정

청백리 선정은 의정부의 정2품 이상의 당상관들이 추천하면 특별한 경우가 아니면 그대로 녹선했으나, 선조 이후에는 의정부가 추천했다 하더라도 제신회의(諸臣會議)에 회부한 다음 대관의 개선 요청이 있을 때까지 결정을 보류했다가 최종 결정하도록 했다. 청렴의 등급으로는 첫째 '나라에서 주는 녹봉 이외에는 아무 것도 받아먹지 않고, 둘째, 먹다 남은 것은 하나도 가지고 돌아가지 않으며, 셋째, 체임되어 돌아가는 날에는 한 필의 말에 몸을 실었을 뿐, 옷소매에 맑은 바람만이 움직이는 것이라면서 이런 청렴결백한 관리를 최상등의 관리로 보았다.

이렇게 청백리는 선정되었지만 선정된 사람 전체를 제대로 정리한 책이 없다. 《조선왕조실록》에도 청백리 선정에 관한 기사가 그리 많지 않아 모두 87명이 기록되어 있는데, 《승정원일기》에서 확인이 안 된다. 정조 시대에는 대상자로 추천은 많은 데 비해 정해진 사람은 영조 시대에 이미 정해졌으나 발표하지 않았던 사람들을 선정한 결과만 기록되어 있어서 정확하지가 않다.[2]

그리고 청백리로 선정된 분들의 명단을 수록한 책은 《증보문헌비고(增補文獻備考)》, 《청선고(淸選考)》, 《대동장고(大同掌故)》, 《전고대방(典故大方)》, 《역대청백리상(歷代淸白吏像)》, 《청백리정신(淸白吏精神)과 열전(列傳)》 등이다. 자료에 따라 청백리 명단에서 매우 큰 차이가 있다. 《증보문헌비고》에는 157명, 《청선고》에는 186명, 《대동장고》에는 116명, 《전고대방》에는 218명이 수록되어 있다.

영조 시대에만 한정해본다면, 9명이라는 기록과 10명이라는 기록이 있다.

이런 부정확한 자료의 차이는 한마디로 조선 정부가 겉으로는 군자의 도덕 정치, 유교의 민(民) 중심의 정치를 강조했을 뿐, 실제로는 자신들과 왕권을 옹위하는 척신 권력의 백성 수탈과 폭력적 지배에 열중했다는 사실을 보여주는 것이다.

왕조 체제의 수탈과 백성의 고혈을 짜내는 조정과 지방관들의 탐학에 맞서 청렴하고 검소한 생활 태도를 견지하면서 백성을 위한 선정에 앞장서는 인물이 절실했다. 하물며 각종 사화로 피바람이 불고, 탕평책이라면서 특정 세력 중심으로 치세를 하고, 고관대작과 양반들은 자기 배를 불리느라 민생에는 뒷전이었던 영조 치하에서 백성들의 갖가지 고통을 줄이는 청백리의 활동은 정말 필요한 일이었다.

그런데 청백리로 선발된 사람 외에도 청렴하게 살다간 사람도 많았고, 청백리로 선발된 사람 중에도 부정을 저지른 사람도 있었다.

심이지와 이한풍이 이태중을 청백리로 천거

이태중을 청백리로 추천한 이는 상호군 심이지와 호군 이한풍이다.• 심이지(沈頤之, 1735~1796)는 이조판서 심수의 아들로 호

• 정조 20년(1796) 4월 18일. 이때 추천된 이에는 이제, 이병상, 윤심형, 김종수도 포함되어 있는데, 이병상은 청백리로 알려지고 있지만 윤심형 등은 그 기록이 남아 있지 않아 안타깝다.

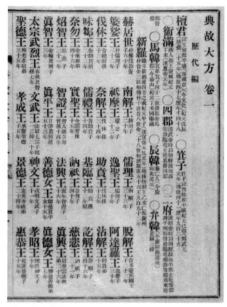

강효석이 편찬한 《전고대방》

조판서와 우의정을 했으며, 이한풍(1733~1803)은 함경남도병
마절도사, 우포도대장, 어영대장 등을 역임한 무신이다.

　이태중을 청백리로 소개한 자료는 《전고대방》, 《역대청백
리상》, 《청백리정신과 열전》 이렇게 3군데이다.

　《전고대방》에 기록되어 있다고 소개한 《조선의 청백리
222》[3]에는 이태중 관련 소개와 상소 내용, 《대동기문》에 정조
의 외척을 면직시키는 사례를 소개하고 있다. 특히 이태중이
굳게 뜻을 세워 넉넉하게 옛 군자의 풍도를 간직하니, 일시의
사류(士類)들이 입을 모아 칭송했다는 평가를 기록하고 있다.

3장

이태중의 청렴 강직

1753년에 가서야 관직 수용
당론, 당파와 무관…… 영조의 오해 벗어나

이태중은 과거에 급제하고 나서 26년 동안 58개 관직을 임명
받지만, 이 중 자신이 기꺼이 받아들인 관직은 대여섯 개에 불
과했다. 그것도 1746년 청나라 사신 서장관을 제외하고, 1753
년 이후부터 1756년 졸한 시기 사이이다. 1750년 1월 전라도
관찰사를 비롯해서 9월 병조참지, 9월 승지, 10월 전라도관찰
사로 다시 임명받지만 출사하지 않는다. 1753년에 가서야 일
을 맡는다. 그간 영조가 실행한 탕평책은 여기저기 적당히 관
리들을 섞어서 자파 세력을 키워가려는 것이었다면, 이때는
신임옥사에 관련된 문제들을 실질적으로 정리하기 시작했고

국정을 정상적으로 운영하고자 할 때였다. 그리고 그간 영조
는 이태중이 노론 입장을 대변하거나 삼사를 선동한다는 오해
를 했었는데, 이때부터는 당론, 당파와 무관하다는 이태중의
주장을 받아들이는 시기이기도 하다.

양역변통책에 대한 일화

1751년(영조 27년) 1월 5일 별군관 등 양역*변통책 문제가 불
거졌다. 1742년(영조 18년)에 양역사정청을 만들어 양역의 실
태를 파악하도록 했는데, 양인의 부담이 커서 징수도 어렵고,
도망가는 자가 부지기수였던 것이다.

이때 교리 이현중**이 영조에게 이태중을 언급한다.

신은 지식이 없어 실로 앙대(仰對)하기 어려우나, 이태중이
일찍이 홍계희에게 말하기를, '군의 경륜(經綸)은 바로 결포

---

* 16세부터 60세까지의 양인(良人)이 부담하던 국역(國役). 노역에 종사하는
요역(徭役)과 군사적인 목적의 군역(軍役)이 있었다.
** 이현중(1708~1764)은 1743년 병과로 문과에 급제해 겸설서와 수찬직책을
수행하면서 영조의 언로 차단을 비판하기도 했다. 1761년에는 승지를 지
냈으며, 1762년(영조 38년)에는 강진으로 유배를 갔다가 풀려났다. 부친은
이병덕이고, 고조부 이선은 이태중의 고조부 이제와 형제간이다.

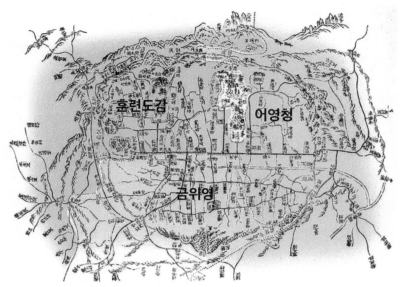

조선 도성의 치안 유지와 방어를 했던 삼군문의 3가지 구역

(結布)에 있는데 갑자기 별군관을 만드니, 이른바 검려(黔驢)
의 기량(技倆)°이 이에 그칠 뿐인가'라고 말했습니다. 대책
을 만들라 하시는데, 여러 신하들은 본래 경제의 계책이 없

● 겉치레뿐이고 실속이 없음을 비유하는 말이다. 중국의 검주에는 나귀가 없
   는데 어떤 호사자가 나귀를 싣고 와 산 아래에 내려놓으니, 호랑이가 보고
   서 커다란 물건이라 이상하게 여겨 숲속에서 엿보기만 했다. 어느 날 나귀
   가 한 번 울음소리를 내자 호랑이가 크게 놀라서 자기를 물 거라 생각했으
   나 가서 지켜보니 나귀가 그밖에 다른 능력이 없음을 알고 가까이 가서 희
   롱하자, 나귀가 호랑이에게 발길질했는데, 호랑이가 나귀의 기량이 이뿐임
   을 알고 기뻐하며 마침내 달려들어 물어죽여 그 고기를 먹은 다음 가버렸
   다는 고사이다.

어서 결포(結布)와 호전(戶錢)이 변경하여 감포(減布)와 충대 (充代)의 일이 되었으니, 이와 같이 하고서야 폐단이 없기를 바랄 수가 있겠습니까?

여러 신하들은 본래 경제의 계책이 없는데, 이태중은 '경제의 계책이 있는 이'라는 평가이다. 이태중은 당시 별군관을 만드는 것에 동의하지 않았고 이를 검려의 기량에 비유해 겉치레라고 평가했으며, 오히려 결포의 필요성을 주장했다는 것을 알 수 있다.

결포는 양역변통책의 하나로, 군역을 대신해 1년에 포 2필을 납부해야 하는 양정(良丁)의 과중한 부담을 덜어주기 위해 제기되었던 토지 부과세이다. 그러나 결포는 실시되지 못했다. 부과 대상이 토지였고, 당시 면역의 혜택을 받던 양반층에게 역을 부과한다는 점에서 양반 관료들의 반발이 컸기 때문이다. 그런데 이태중은 결포의 실시를 주장해 양반층들도 세를 부담해야 한다고 생각했던 것이다.

당시 조정 회의는 양인의 부담을 줄이기 위해 군포를 2필에서 1필로 줄이자는 논의로 종결되었다.

단양 사인암

백성들을 살펴 해결해달라니 황해감사 수락

1750년 벼슬을 마다하고 이태중은 형님 이화중, 동생 이기중, 조카 이윤영 등과 영남 기행을 한다. 1751년에 동생 이기중이 단양군수로 가게 되면서이다. 연자산, 구봉·구담, 적성산, 옥순봉, 운담서루, 사인암을 두루 보고, 1752년에는 충북 제천의 군수로 있던 이재(李在)*를 만나고 한벽루, 월악산 신륵사 등을 돌아본다.[4]

　1753년(영조 29) 4월 28일 영조가 황해감사로 임명하니, 단

---

* 　이윤영의 벗인 이유수(1721~1771)의 부친.

양으로 다시 돌아와서 사직서를 올리려고 했다. 그런데 영조는 이번만큼은 반드시 기용하고 말겠다[5]고 생각했다. 이제는 과거와 달리 벼슬로 유혹하거나 녹봉으로 굴복시킬 수 없다는 것을 알게 되니, 면대를 통해서 해서(海西)* 백성들이 죽겠다고 아우성이고 질병이 창궐하고 있으니 가서 백성들을 진휼하고 곤경을 해결해달라고 부탁하는 수밖에 없었다.

"해서(海西) 백성들은 지금 모두 죽겠다고 하니, 내가 서쪽을 돌보는 걱정을 풀도록 해달라."
"성교(聖敎)가 여기에 이르니 신이 어찌 감히 사임하겠습니까."
"장차 어떻게 다스릴 터인가?"
"상하가 서로 믿지 아니한 지 오래입니다. 묘당(廟堂)**은 도신(道神)을 믿지 아니하옵고, 도신은 수령(守令)을 믿지 아니하옵니다. 이래서는 무슨 일이 되겠습니까. 이러한 폐습을 통렬히 제거하는 것이 오늘의 급무입니다."
"이 한 말만 들어도 해서의 일은 만족하도다. 어찌 다만 해서뿐이겠는가. 조정에서도 처음으로 득인(得人)함이로다."

---

* 고려 때에는 황해도를 서해도라 불렀다. 평안도 의주로부터 전라도까지 서쪽 바다를 끼고 있는 육지를 말하는데, 황해도와 평안도를 지칭한다.
** 의정부, 조정을 말한다.

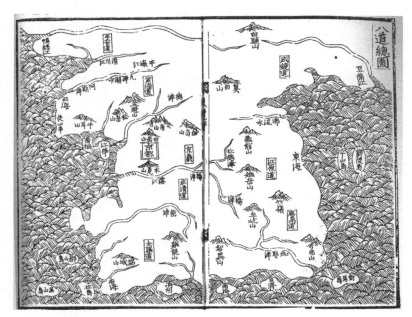

조선의 팔도총도(《신증동국여지승람》, 1530)

당시 황해도의 인구는 50~60만 명이었을 것으로 추정된
다. 임진왜란과 병자호란을 거치면서 엄청난 인구의 상실을
겪은 각 가정은 자식을 많이 낳음으로써 인구가 폭발적으로
증가했다. 그러나 18세기에 들어와서 가구당 4.25명 수준으로
고착되었다. 이태중의 황해도감사 시절보다 30여 년 뒤에 조
사 기록된《호구총수》에는 황해도 호구수는 56만 7813명이
고, 남자가 30만 4947명, 여자가 26만 2866명이었다. 가구수
는 13만 7041가구로 가구당 4.1명으로 나타났는데, 이 수치는
호적을 통한 통계이기 때문에 호적에서 빠진 유민이나 노비

등의 숫자가 누락됐을 가능성이 크다. 그리고 호조나 선혜청, 오위도총부 등 중앙 단위 기관들이 세수 확보와 안정적인 재정 운영을 목표로 두고 있어서 전국적 통계의 진폭이 생길 수밖에 없었다.

황해도는 강원도(원춘도), 함경도 다음으로 작은 도였다. 그렇다 하더라도 중앙이나 지방을 막론하고 가구 총수는 실제보다 평균 5~10% 정도 줄여서 보고했을 가능성이 많다. 왜냐하면 그렇게 해놓으면 조세를 비롯한 각종의 징수에 유리했기 때문이다.

황해도 재해 상황 파악 보고해 구휼 구제책 실시

이런 황해도에 가뭄이 극심했고 수재가 심각했다. 황해도는 평야 지대의 수전(논)이 적고 한전(밭)이 많았다. 수해가 일어나면 논밭을 가리지 않고 범람하게 마련인데, 밭의 피해는 보고된 적이 없었다. 그간 산간, 벽지, 해변의 피해는 관심 밖이었던 것이었다. 이태중은 부임 인사 때 영조에게 실상을 그대로 보고하고 그 처분할 수 있는 권한을 승낙받아 놓았기 때문에 황해도 각지의 재해 상황을 파악해 10월 14일 그 실상을 올린다.

봄·여름 사이에 잇달아 가뭄과 장마의 재해가 있었고 게다가 벌레와 바람의 손상으로 논과 밭은 물론하고 처음부터 씨를 뿌리지 못하여 전혀 낫을 대어 거두지 못하는 것이 과반수인 것은 많은 사람의 눈이 보는 것이어서 숨길 수 없습니다. 시기전(時起田)의 원총(元總)은 7만여 결(結)인데 마땅히 급재(給災)해야 할 것은 4천 결일 뿐이니, 재결(災結)은 10분의 1의 반분(半分)에 지나지 않습니다. ……신이 동서로 순찰하여 지나는 길에서 남녀노소가 앞뒤를 막고 울며 하소연합니다. 신은 본디 마음이 약하여 그 형색(形色)을 보고 거의 눈물을 흘릴 뻔한 것이 하루에도 몇 번인지 알지 못합니다…… 겨울철을 참고 지내라 하시지만, 눈앞에 닥친 적곡(糴穀)을 받아들이는 일과 이른 봄에 부세(賦稅)를 거두는 일을 장차 어느 곳에 요구하겠습니까? 신도 또한 한 도를 안찰(按察)하는 관원으로서 뭇 백성과 거듭 서로 약속한 일이었는데, 며칠 안 되는 사이에 이것을 열읍에 나누어주어 민간에 펴게 한다면 그 조정의 명령을 봉승(奉承)하는 데에는 다행히 죄가 없을 수 있겠으나, 무슨 낯으로 다시 이민(吏民)을 대하겠습니까? 근래 번임(藩任)*에 있는 자 중에 혹 이러한 때를 당하여 더 청하였다가 얻지 못하면 마음대로 나누어주

• 관찰사(감사)의 직임.

고 죄를 받은 자도 있으니, 조가에서 허락하지 않았는데 도신이 마음대로 사사로운 혜택을 베풀면 원망이 돌아갈 곳이 있을 것이므로 어떻게 처치해야 할지 알지 못하겠습니다. 대개 도내(道內)에서 재상을 당한 고을의 분등으로 말하면, 해주 이하 열 고을이 더욱 심한데, 그 가운데에서 해주·강령·옹진 등 세 고을은 전혀 씨를 붙이지 못하거나 애초에 패지 않은 것이 이미 일여덟 분이고 이른바 나머지도 처음부터 이미 때늦게 씨를 붙여서 여물지 않은 데다 마침내 또 바람과 벌레에 손상되어 문득 적지(赤地)가 되었으니, 이것은 진실로 더욱 심한 가운데에서도 더욱이 심한 것입니다. 이른바 재령·신천·문화·안악·연안·평산·봉산 등이 더욱 심하다는 것도 그다음이라 할 수 있습니다. 이제 이 해조의 절목에는 연안·봉산 등의 약간의 수재(水災)만을 논하고 그 밖의 고을들은 다 조금 여문 데로 돌렸으므로 신이 전후에 장달(狀達)한 것과 서로 다를 뿐이 아니라 또 더 청할 길을 막은 것이니, 신은 실로 그 까닭을 알지 못하겠습니다.

이에 영조는 묘당으로 하여금 품처하도록 윤허한다. 피해 농민 구제에 적극 노력할 자금을 확보하게 된 것이다. 궁벽한 산간벽지와 해변이라도 직접 가서 위로하고 어루만져 주었다. 각 수령 방백들에게 구휼을 베풀도록 하되 반드시 사궁(四

窮)*을 먼저 조치하도록 했다.

이태중은 감영 내에 장막을 치고 급식처를 설치해 범벅죽을 갖추어 재해민과 난민들을 위로하고 구휼에 진력함으로써 백성들의 신뢰를 받았다.[6] 또 제대로 일하지 않고 가렴주구를 일삼는 고을 책임자들을 색출해 처벌하고 은결과 여결을 모아 노인, 과부, 병자들을 돌보는 일을 하도록 했다. 이런 이태중 감사의 노력으로 황해도는 재해를 극복하고 이재민을 비롯한 백성들이 편안하게 되었으며, 백성들의 신뢰를 받았다. 황해도의 이런 변화와 민생의 안정은 영조에게 보고되어 목민관이 어떠한 인물이어야 하는지를 깨닫게 하는 기회가 되었다.

평안도감사 재직 시 민생 해법 제시
부패 비리 척결, 군역 감세, 빚 탕감 등

1753년(영조 29년) 10월 14일 기록을 보면, 영의정 김재로가 관백(평안도관찰사)에 적합한 인물을 추천하라는 영조의 지시에

---

* 네 가지의 궁한 처지에 있는 사람을 말함. 늙은 홀아비, 늙은 홀어미, 부모 없는 어린이, 자식 없는 늙은이를 이르는 말로 노인, 고아, 과부, 병든 자를 일컫는다.

민백상과 이태중을 추천한다. 당시 환곡(還穀)*정지로 조정이 고민에 빠져 이를 논의하기 위한 자리였다.

그러자 영조는 이태중이 적임자라면서 후순위 추천자인 이 태중을 평안도관찰사(감사)로 발령한다. 이태중은 "황해감사 였다가 바로 평안도감사로 가는 것은 상례에 어긋난다"면서 사직상소를 냈지만, 영조는 불허한다.

이태중이 황해도, 평안도에서 일했던 시기는 조정이 대동법 과 균역청을 설치해 재정의 안정을 도모하기 위해 노력하던 시기였다. 각 지역의 방백과 수령들이 기존의 부패 관행에 물 들어 있고, 백성들을 돌보는 일을 등한시하며, 조정의 풍향에 더 예민하게 반응했기 때문에 민생의 안정은 쉽지 않은 일이 었다.

평안도감사로 부임한 이태중은 부패 비리 척결, 군비 확보, 방위 강화를 위한 수리, 감세 및 탕감과 상업 활동 활성화를 통 한 민생 안정에 박차를 가하기 위해서 몇 가지 조치들을 내놓 고 실행에 옮긴다.

첫째, 수사관을 동원해서 상권이 형성되어 번화한 평양 일 대에서 활개치고 있는 불량자들을 소탕하고, 둘째 현재 친인

---

* 정부가 비축한 곡물을 창고에 보관했다가 흉년이 들면 백성에게 나누어주 되 추수를 해도 갚을 능력이 없는 사람에게는 무상으로 주고, 반환 능력이 있는 사람에게는 가을에 갚을 것을 조건으로 빌려주는 것을 말함.

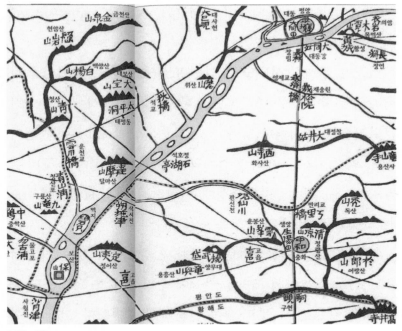

평양 지역

척 간에 소송하고 있는 자들을 조사해 패륜적인 사건은 엄격하게 처결하고, 셋째 아전, 군관 등의 뇌물 수수 사건을 조사해 단호하게 뇌물 액수를 회수했다. 부패 비리 풍토를 개선하고 건전한 경제생활을 위한 환경을 조성한 것이다.

넷째 과중한 군역의 부담을 2분의 1로 줄여 면제시키고 오군(伍軍)에만 군포를 수납하도록 개선했다. 아울러 군 장비를 과감히 개혁해서 신식 장비와 낡은 군비를 혁신하자 군 입대자가 늘어났고 군인에도 부호가 증가했다. 결포와 군포에 대한 입장이 분명했기 때문에 백성들의 군역 부담을 줄이기 위해 조치를 취한 것이다.

다섯째, 무사를 선발할 수 있는 도시(都試)의 무과 시험을 시행해 젊은 무관들을 대대적으로 확충했다. 관찰사에게 주어진 군령권을 적극 시행한 것이다. 또 자모산성(慈母山城)이 지형이 좋고, 멀고 가까운 세력을 견제할 수 있으므로 평양의 무비(武備) 절반을 나누어 자모산성에 저장하되 치첩(雉堞), 해우(廨宇), 군기(軍器)를 수선해 성을 보강했다.

여섯째, 평양성의 장경문이 지대가 낮아 물이 범람하기 쉬우므로, 돌로 쌓아서 제방을 만들어 수리했다. 또 남수문도 성벽이 무너졌으므로 돌로 쌓아 튼튼하게 수리했다. 그래서 수환은 종식되었다.

일곱째, 감영에 빚을 진 백성들이 많아서 고질적인 폐단과 각종 비리가 발생하므로 그 원인을 따져서 탕감해 빚을 제거하고 부족함이 없도록 조처했다.

여덟째, 평양감영에는 별도로 비축한 별비전(別備錢)이 3만 민(緡)●이 있었는데, 별비전은 일종의 잉여 부세이므로, 마련하는 것은 부당하다고 생각해 임기가 만료될 즈음에는 상소해 이를 폐지시켰다. 그리고 18만여 민이나 된 모든 수리 비용을

● 1민은 1000냥이 꿰어 있는 돈 꿰미이다.

별비전으로 부담시키고, 의연(義捐)*을 받아 충당했다. 공금은
전혀 사용하지 않았다.

철광석, 은광석 개발 지시…… 양잠 정책도 독려

〈세종실록지리지〉에 따르면 조선조 초기에는 철을 생산하는
지역은 전국에 23개소[7]였고, 평안도에서는 순안, 개천, 운산의
3개 현이었다. 이 철 생산지에서 철장도회제(鐵場都會制)**로
운영했으나 농민들의 과중한 부역 등의 문제가 발생해 철을
채납하는 각 읍 채납제가 적용되었다. 영조 시기에는 사철 중
심으로 개발도 많아져 많은 자영 수공업자들이 존재했고 이들
로부터 징세도 이뤄졌다. 노동자가 20명 이상이면 대노야, 15
명 이상 중노야, 14명 이상 소노야로 구분해 징세했다. 그래서
평안도관찰사가 철광 생산 과정을 감독하는 관리자를 파견하
고 연말에 조정에 보고하도록 했다.

　이때 평안감사 이태중은 영암 유배 시절 알게 된 명민한 조
명조를 은광의 재정 책임자로 보내서 감독하게 했다.[8] 이태중

---

* 일종의 기부금.
** 철장도회제는 조선 초기 태조 7년에 염철법과 철장제를 혁파하고 군기감
　과 선공감에 공철을 채납하는 제도.

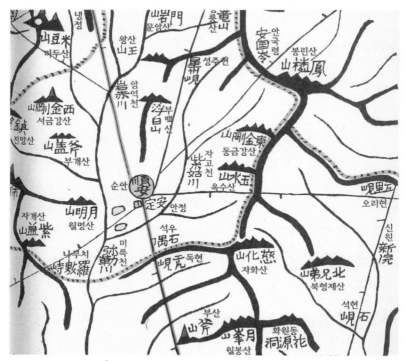

평양의 식량 창고, 순안[•]

은 토정 이지함의 구제책을 떠올리지 않을 수 없었을 것이다.
토정 이지함은 은을 주조하고, 옥을 캐고, 바다에서 고기를 잡
고, 바닷물로 소금을 만드는 등 육지와 바다라는 재용 창고를

• 순안은 서북 방면의 의주~안주~평양으로 들어가는 길목에 위치한 교
  통·군사의 요지다. 대동강의 지류인 미륵천의 중류 연안은 낙랑준평원의
  일부인 순안평야이다. 현재는 북한의 국제 공항인 평양순안국제공항이 이
  곳에 있다.

다 활용해서 백성들의 생업을 넓히고 생활을 윤택하게 해야 한다고 주장해왔었다.[9]

또 필수품 의류 생산에 필요한 양잠업에 대한 권장 정책은 지속적으로 이뤄져 평안도와 같은 북방 지역에서는 양잠으로 생계를 유지하는 농민이 생겨날 정도였다. 조정도 상의원(尙衣院)을 두어 직물 생산을 담당케 했다. 전국으로 장시 체제가 확산된 조선 중기에 이르면 직물 생산은 교역의 핵심 품목이었다. 하지만 영조의 사치 금지 조치*에 따라 견직물, 면직물 등 다양한 직물의 생산과 유통이 침체를 면치 못하고 민간 수공업의 성장이 뒤처졌다.

당시 전국에 면화가 흉작이었다. 조정에서는 각 영에 비축한 면포를 출고시켜 산매하도록 명령했다. 하지만 막료와 가인들은 모두 이를 싫어하고 내놓지 않았다. 이때 이태중의 태도는 달랐다.

> 면화의 흉작이 이와 같은데, 5만 필을 산매하여 가난한 백성이 그 이익을 얻게 된다면 내 어찌 훗날 형태 없는 비방을 염려하여 국가를 위해 은혜를 베풀지 아니하겠는가.

---

* 영조는 비단옷을 입지 않고 면옷을 주로 입었다고 한다.

평안도는 평안도감찰사 이태중의 명령으로 면포 5만 필을 발매했다.

구휼 정책뿐만 아니라 일자리도 장려해

황해감사 시절에 했던 것처럼 평안도에서도 구휼 정책에 힘을 쏟았다. 평양감영의 창고를 고쳐서 식당을 만들고 유리걸식하는 백성들에게 밥을 먹을 수 있도록 했다.

아울러 그들이 짚신, 가마니, 새끼줄, 베틀 등의 작업에 종사하게 해서 생활이 나아지도록 도와 평안도민들로부터 칭송을 받았다.

24만 전 녹봉 중 23만 전 공공사업, 백성 돕기에 써

그때 평양감사의 봉급이 24만 전이었다. 쌀 한 가마가 20전 하던 때이니 매우 많은 봉급이다. 그런데 이태중은 24만 전 가운데 23만 전을 각종 공공사업과 이웃을 돕는 데 쓰고 1만 전만으로 평양감영 살림에 썼다고 한다.

여러 일화가 전해온다. 이규상의 《병세재언록》에는 이같이 씌어 있다.

그(이태중)가 평안감사로 있을 때 곤궁한 일가나 가난한 친구들에게 녹봉을 모두 나누어 주었다. 그가 문지기에게 '손님을 불러들이라' 하면 문지기가 찾아온 손님들에게 '들어오시오' 하고 크게 외친다. 평소에 잘 알지 못하는 걸객이 찾아온다 해도 반드시 사흘을 머무르게 하고 20냥의 돈을 주어 보냈다. 그들이 따로 구하는 물건이 있으면 모두 들어주었다.

공주 선비 유진휘(柳鎭輝)가 눈에 길이 막혀 평양에 머무르게 되었다. 같은 여관에 시골 선비가 한 사람 있었다. 그가 '내가 박천의 원(원님)을 찾아갔다가 문지기가 막는 바람에 낭패를 보고 돌아왔소. 벌써 노자가 떨어져 진퇴유곡이요. 본래 평안감사를 알지 못하지만 한번 가봅시다.' 유진휘가 '관문에 들어가도 환대야 바랄 수 없지만 며칠 노자나 얻어 가면 큰 다행이겠지요. 우선 가보기나 하시오'라 말했다. 그 시골 선비는 목천에 산다고 하였다. 이윽고 문지기를 따라 들어갔더니 감영의 종자가 여관에 와서 쌀과 고기를 내주며 손님을 잘 대접하라고 하는 게 아닌가. 시골 선비가 사흘 뒤에 와서 유진휘에게 감사께서 20냥을 내어주고 여러 가지를 줍디다 했다.

순안 현감 홍낙연이 평양겸관을 지냈는데, 내게 이런 이야기를 하였다. 평양감영의 책방(冊房)은 초가가 수십 간 이어져 있습니다. 아전에게 물어보았더니 이 집은 이태중 관찰사가 객을 유숙시키던 행랑이라고 말하였다. 또 이태중 관찰사는 감영 내의 창고를 수리해 유리걸식하는 백성들이 식사를 하도록 개조하여 식사를 제공하였는데 숟가락이 수백 개가 있었다고 한다.

나라와 백성의 재물 탐한 관리 처벌 장계 올려

이태중이 강계부사 조동제의 비리를 파헤쳐 진도 정배를 하게 한 사건이 있었다.[10] 조동제가 강계부사를 맡았을 때 담비, 인삼을 더 받아들이고, 연수(宴需)*를 백성에게서 거둔 일이 드러난 것이다.

신은 놀라움을 못 견디겠습니다. 신이 장계하여 조동제를 논한 것은 곧 초서(貂鼠),** 인삼, 환은(換銀), 수전(收錢) 네

• 잔치에 드는 물건과 비용.
•• 담비.

가지 일입니다. 조동제는 자신의 불법행위로 뇌물을 모으기 위해 매질하고 칼을 씌워 가두는 가혹 행위를 일삼으니 처자를 팔아 다른 곳에서 사서 가져와도 오히려 수량을 채우지 못하여 고향을 떠나 각지로 흩어진 자가 천 명을 넘었다고 합니다…… 2천6백 냥의 은자를 부상(富商)에게서 바꾼 것은 조동제도 인정했는데 어찌하여 중신들이 그를 변호하고 범죄행위를 덮어주려 합니까…… 조동제는 전에 군수를 지낸 자로서, 변방의 수령이 되어 범한 것이 이러하니, 이것을 엄히 징계하지 않으면 어떻게 변방 백성을 위로하겠습니까.

이태중은 나라와 백성의 재물을 탐한 관리를 처벌하는 형벌인 팽형(烹刑)을 해야 한다고 고했지만, 영조는 조동제를 두둔하는 홍상한, 홍봉한의 말을 듣고, 진도에 정배하고 금고하라고 명했다.

외척이라는 것을 내세운 자를 바로 파면시켜

《대동기문》에 소개된 일화가 또 하나 있다.[11] 중화(中和)의 원으로 재임 중이던 이인강은 정조의 외척이었고, 선천부사 최진해는 영조의 외척이었다.

감사의 행차가 중화에 도착하니 이 고을의 원이 들어와서 배알하자, 이태중이 묻는다. 그것도 재차 묻는다.

"그대는 누구신고?"
"동궁(東宮)의 외사촌입니다."
"누구시라고?"
"동궁의 외사촌입니다."

이태중은 원을 물러가게 한 뒤 즉석에서 장계를 올린다.

중화부사 이인강은 아직 모발이 완전하지 못하고 말씨가 종 잡을 수 없어서 부득불 파면시키고자 합니다.

이어 대동강에 도착했을 때 선천부사가 들어와 뵙거늘, 공이 또 묻는다.

"내 어찌 그대가 선천부사임을 모르겠는가? 누구의 발연으로 부임하게 되었던고?"
"하관(下官)은 문벌이 낮은 데도 나라의 후은을 입사와 여기로 오게 되었으니 저에게 지극히 과람한 노릇이오이다. 사도(使道)는 다만 선천부사 최진해로만 아시고 그 밖의 일은 묻지 마옵소서. 하관의 친척들이 시정배(市井輩)가 아니면 아전붙이들이어서 누구누구라고 이름자를 대더라도 어찌 아실 수 있겠습니까?"

이태중이 미소하면서 마음으로 기뻐해 융숭하게 대접해 보내고, 그 후 다른 고을 원들보다 더 돌보아주고 서로 의논하고 교분이 좋았다.

관청 곡식 빼돌린 관리에 대한 처분

또 다른 일화가 있다.[12] 이태중 감사가 감영에 들어가서 관청 창고의 장부를 내놓고 현재 보관된 현물과 대조하니, 관청의 곡식 수백 석을 빼돌린 사실이 밝혀졌다. 그래서 이태중 감사는 관청 곡식을 축낸 관리에게 죄를 물어 매를 쳐서 장살(杖殺)하려 했다. 이때 많은 백성이 몰려와 호소했다.

"감사 어른, 그 관리가 축낸 곡식은 개인이 횡령한 것이 아니라, 지난해 흉년이 들어 우리 백성들이 굶어죽는 것을 막기 위해, 관청 창고의 곡식을 풀어 우리들의 생명을 구제한 것이옵니다. 개인 착복이 아니오니 선처해주시면 저희들이 추수를 하여 갚겠습니다."

"흉년에 백성을 구제하는 일은 관장에게 알려 공식적으로 곡식이 나가도록 해야 하는데, 왜 그 관리는 제 마음대로 관청 창고를 열어 선심을 썼단 말이냐? 그 죄 또한 무겁다는 것을 어찌 모르느냐?"

이태중은 엄히 문초했다. 백성들은 수차에 걸쳐 관장에게 호소했으나 관장이 들어주지 않고 벌을 가하려 했기 때문에, 관리는 자기가 벌을 받겠다고 하면서 자의로 창고의 곡식을 푼 것이었다고 아뢰었다. 그래서 이태중은 사정을 참작해 해법을 다음과 같이 내었다.

사정을 참작해 관리를 살려주는 대신 내(이태중)가 3천 냥을 낼 테니, 나머지는 곡식을 가져가 먹은 백성들이 추수하여 변상해놓으라. 그리고 관리는 다시 창고의 책임을 맡아 빠른 시일 내에 장부와 현물이 맞게 해놓으라.

이렇게 해결하니, 그 관리와 백성들은 은혜에 감사하며 행운을 축원하면서 물러갔다. 그 후 1년이 지나니 창고의 축난 곡식은 모두 채워졌다.

세월이 흘러, 이태중은 관직에서 물러나 삼산(三山) 지방에 나가서 은거하고 있었다. 그러던 어느 날 한 스님이 찾아와서 인사를 올리는 것이었다. 이태중이 누구냐고 물으니 스님이 대답했다.

"대감께서는 옛날 평안감사 시절에 창고 곡식을 축낸 한 관리를 살려주신 일이 생각나십니까? 소인은 그 관리의 아들입니다."

"당시 스님 부친의 일은 백성들을 위한 일이었으니 죄를 면할 만했소. 그런데 지금은 왜 나를 찾아왔는고?"

"소인은 어려서 집을 나가 여러 절을 돌아다니면서 사는 동안 풍수지리에 관한 지식을 얻었습니다. 부친을 살려주신 대감의 은혜에 보답하는 뜻에서 대감의 묏자리를 보아드리고 싶습니다. 허락해주옵소서."

이태중은 쾌히 승낙하고, 그 스님과 함께 산에 올라 스님이 지정해주는 한 자리를 정했다. 그리고 스님은 품속에서 책 한 권을 꺼내주고 작별 인사를 하고 떠나갔다.

보관하고 계시다가 병이 위독하실 때에 펴보시기 바랍니다.

뒤에 이태중이 죽음에 임박해 그 책을 펴보니, 이태중이 사망할 날짜와 장례일 등이 소상하게 기록되어 있었다. 또 그 묏자리는 자손 9명이 급제해 출세할 자리라는 내용도 함께 적혀 있었다. 이태중이 사망해 그 자리에 묻혔는데, 뒤에 이태중의 자손들이 정말로 대과에 급제하고, 각기 높은 관직을 역임했다.

암행어사의 보고,
성색(聲色)에 동요되지 않은 유일한 감사

영조는 영조 30년(1754) 9월에 평안도 암행어사로 황인검을 임명하고 관서 지역에 암행하면서 백성들의 병폐를 염탐하고 인재를 찾아내라는 명령을 내린다.

"수령의 능력이 있느냐 없느냐?"
"수령으로 크게 법을 어기는 자는 없었는데, 그것은 오로지 감사 이태중이 성색(聲色)에 동요되지 않고 한 도(道)를 제압한데 말미암아 그렇게 된 것입니다."
"감사가 별도로 준비한 물건이 있었는가?"
"그의 다스림이 아주 깨끗하였기 때문에 남아도는 것이 많이 있었지만 모두 군장(軍裝), 복색(服色) 등의 일에 활용하였으며 별도로 준비하는 일은 총애를 받은 혐의가 있다고 여겨 애당초 하지 않았다고 합니다."

"믿을 만한 사람이다."

영조는 무릎을 치며 감탄했다고 한다.*

병이 너무 깊어 쉬면서 치료하고자 한다

1756년 이태중은 관찰사 임기를 마치고, 예조참관, 동경연사 (同經筵師),** 원손보양관에 보임하고 또 비국당상으로 임명되었으나 병으로 취임하지 아니하고 고향으로 내려간다. 이때 조카 화가 이윤영이 대신 상소를 써서 올린다.

> 4년을 양서 관서와 해서에 마음과 힘을 다하였으나 그 재주가 어설프고 지혜가 얕고 일과 뜻이 괴리되니 어쩌겠습니까? 이미 백성을 부유하게 하지 못하고, 또 병사들을 강하고 용맹하게 할 수 없어서 쇠약하고 극도로 곤궁함은 다시 전날과 같습니다. 조정의 사군자 중에 염치를 잊고 방정함

---

* 1755년(영조 30년) 1월 28일.
** 경연의 동지사. 종2품.

이 무너져 다투어 영예로운 자리를 추구하는 자들은 반드시 신을 구실로 삼을 것입니다……

불행히도 부여받은 기질이 허약하고 병과 함께 사니, 중년 이후에는 수토에 상해를 입어 장기의 열기와 빙상 등 혹독한 해를 배불리 겪었습니다. 담습이 그 사이에 일삼고, 풍화가 기화를 타서 팔다리와 몸을 거두지 못하고, 언어가 날카롭지 않았으며, 간혹 기가 오르면 돌연 쓰러졌습니다. 눈을 떠도 앞을 못 보고, 말을 해도 마음대로 하지 못하니, 거의 미치고 전패된 사람과 같이 바야흐로 잠꼬대 지경에 있었습니다. 심한 경우에는 온 몸이 청흑색이 되고 전혀 알아보지를 못하니 단지 일개 죽은 사람일 뿐입니다……

이제 은혜를 입어 고향에 돌아가 쉬며 몇 년간 조리하고 약으로 치료하면 행여 죽지 않아서 스스로 힘을 낼 것입니다.

이태중의 병색이 상당히 깊었던 것 같다. 혹독했던 유배 생활과 4년 동안의 해서·관서 지방에서의 일로 몸이 상했던 것으로 보인다.

세손의 보양관으로 재직

원손보양관 직도 사양했지만, 영의정 이천보가 예조판서 이태중을 세손의 보양관으로 추천해 임명했다. 때는 1756년 2월 14일이다. 아픈 몸을 이끌고, 원손과 상견례를 할 때 주고받은 이야기를 승지 김상복이 설명했다.

> "무슨 책을 읽으시는지요?"
> "〈소학초(小學抄)〉를 읽고 있다."
> "책을 읽는 게 좋습니까 싫습니까?"
> "좋다."
> "이미 그 좋음을 아신다면, 앞으로 성인이 될 지위를 기약할 수 있으니 축하를 드립니다."*

6월 2일 보양관 이태중은 "원손의 지식이 점차 나아지고 있으니, 산림의 선비를 초치해 때때로 뵙게 한다면 크게 보탬이 되지 않겠습니까" 하며 은근히 보양관 일을 그만둘 의중을 보였다. 그러자 영조가 원손에게 묻는다.

---

* 1756년(영조 32년) 3월 5일.

"네가 여러 사람 가운데 보양관을 잘 가려낼 수 있겠느냐."

원손이 이태중을 가리켰다.

"네가 지난날 한 번 보았는데, 여러 사람 가운데 잘 분별해 내니 과연 영특하고 슬기롭다. 너는 보양관을 볼 때가 좋으냐 옷을 벗고 놀 때가 좋으냐?"
"보양관을 볼 때가 좋습니다."

이때 사신(史臣)은 다음과 같이 기록했다.

이태중이 조정에 돌아옴에 사람들은 여전히 사모하여 우러러보았다. 청렴하고 확고함으로 칭송하였다.

이태중은 6월 25일 이조참판에 이르고 7월에는 부제학을 거쳐 9월 26일 호조판서에 오른다.

청렴·검소·근후한 생활

이태중의 청렴에 대해서는 몇 가지 일화가 전해온다.[13]

무인 이희서(李義瑞)가 말하길, 내포 고향집에 돌아왔을 적에 내가 큰 물고기 두 마리를 가지고 찾아뵈었더니 판서가 부엌일을 하는 사람을 불러 그 고기로 주객을 위해 찬을 준비하게 했습니다. 식사가 끝나자 남은 한 개의 물고기를 돌려주는 것이었습니다. 나는 청탁을 하기 어려워 그 후로 찾아뵙지를 않았습니다.

이태중 아들들이 '평양감영에 객들이 항상 들끓는 것은 온당하지 않습니까' 하고 여쭈우니, 평양감사는 한 해 녹봉이 24만 전이다. 내가 객들에게 돈을 써도 반년치를 계산해봐도 만전을 못 채워 여전히 돈이 많아 걱정이다. 가외로 백성에게 베푼다면 이는 명예를 노리는 것이요. 전답을 사서 전답이 많아지면 너희들에게 재앙이 될 것이다. 차라리 나라의 가난한 이들에게 흩어줌이 낫다.

이태중은 매번 식사 때면 여러 아들을 불러 함께 먹었다. 접시 하나에 멸치를 담고 된장찌개 한 사발을 놓고 각각 수저로 떠먹게 하였다. 그리고 달게 먹으라고 가르쳤다. '식구가 많으니 맛있는 음식을 차리기 어렵다. 또 차린다 한들 몸에 복될 것이 없다. 너희들은 열심히 달게 먹으라.'

홍성군 은하면 목현에 있는 이태중 산소

이 밖에 집안에 전해오는 일화가 또 있다.

이태중이 평양감사를 마치고 대동강을 건널 때의 일이다. 식구들이 배에 전부 탔는데 파도가 출렁여서 배가 뒤집힐 지경이었다. 이태중이 배에 탄 식구들에게 '너희가 평양에 들어갈 때보다 짐이 더 늘어난 것이 있으면 지금 바로 내놓아라'라고 얘기했다. 보따리 짐밖에 없는 터여서 '늘어난 살림이나 보물단지는 없습니다' 하니, '정말이냐?' 다시 묻자 할머니가 작은 목소리로 '지난 생일 때 친정집에서 은반지 하나를 줬는데 이것밖에 늘어난 살림이 없다'고 하자 이태중은 '그 반지를 빼서 대동강에 던지라'고 호통을 쳤다. 할머니가 은반지를 빼서 던지자 출렁이던 대동강물이 잔잔해져 무사히 고향에 돌아올 수 있었다.

이 일화들은 이태중의 청렴결백한 생활 태도와 가난한 형제들을 구제하고 나라의 평안을 통해 덕스러운 정치가 이뤄지기를 바라는 마음이 드러나는 예이다.

그에게는 고향 결성현 삼산(현 천북면 신죽리 삼산마을)에 부귀영화와는 거리가 먼 아버지가 지은 집 한 채와 약간의 토지가 있을 뿐이었다. 그는 일반 백성처럼 봉분을 하고 비석을 세우지 말라는 유언을 남겼다. 1756년 10월 13일 서거하니 향년 63세. 홍성군 은하면 목현에 산소를 썼다.

조선조의 사신(史臣)은 《영조실록》에 그가 서거했다며 기록을 남겼다.[14]

이태중은 수십 년 동안 벼슬을 하지 아니하여 의중(意中)에 반드시 지키는 바가 있었는데, 만년에 한번 출사한 것은 과연 무슨 뜻이었던가? 청렴·검소·근후(謹厚)한 것은 이태중이 본디 간직하고 있었는데, 잔재주를 피우거나 요령을 부리지 않는 듬직한 성품이라서 만약 이태중으로 하여금 잠시 동안 죽지 않고 세상에 쓰이도록 했다면, 과연 유위(猷爲)와 건명(建明)이 있어 능히 임금의 권애(眷愛)에 부응하고 여정

(輿情)에 흡족했을 것이다. 세상이 탐욕스러워 조경 (躁競)*
하고 이익을 좋아해 부끄러움이 없는 자에 비교한다면, 이
태중은 뛰어난 사람이도다.

---

* 마음을 조급히 하여 권세나 부귀를 다투는 것.

맺음말

이태복 님이 삼산공 이태중에 대한 글을 써야겠다 말한 지 30여
년이 지났다. 요즘 세태에 꼭 알려야 하고, 필요한 인물인데,
자료가 너무 없어 엄두를 못 내고 있었다. 삼산공에 대한 자료
는, 구전으로 내려오는 몇 가지 일화와 한산 이씨 한평군파 족
보에 남아 있는 몇 가지 단편적 사실들, 풍고 김조순《풍고집》
에 실려 있는 시장(諡狀) 그리고 감사원 계간지《감사》에 실린
이현 님의 글 〈청백리의 숨결을 찾아서 이태중편〉 복사본,
KBS 진품명품 김영복 감정위원으로부터 구한 삼산공의 아주
귀한 간찰 몇 가지, 이것이 전부였다. 이 중에 감사원 자료는
시아버님 고 이순구 님이 종회 모임에 다녀오면서 갖고 온 자
료였는데, 기뻐하시던 모습이 선하다.

　자료가 너무 없다 보니 모래 속에서 바늘찾기였다. 삼산공
은 20여 년간 관직을 받지 않고 사직상소만 올렸고, 4~5년 동
안의 관직 생활도 황해도관찰사, 평안도관찰사였으므로 공직
생활 대부분이 북녘 땅인 데다가, 유배 생활의 절반이 갑산, 의

주로 또한 북녘 땅이라 자료를 찾을 길이 막혀 있었다. 남북한 간 교류가 이뤄지면 평양을 비롯해 북녘 땅에 남아 있을 자료를 찾아서 부족한 부분을 채워야 할 듯하다.

삼산공의 유배지는 흑산도와 진도, 영암 등인데, 흑산도는 비석이라도 남았지만 진도는 봉암서원이 사라지면서 몇 가지 사실 외에는 찾을 길 없어 2012년에 유배지 기행 칼럼에 만족해야 했다.

그런데 자료를 찾는 과정은, 마치 삼산공이 필자들에게 자료를 하나씩 하나씩 보여주듯, 마치 '기적'처럼 나타나기 시작한 것이다.

그 첫 만남이 글을 쓰기 시작한 지 보름이 지난 7월 26일 〈남도 정자 기행〉 신문 기사(2013년)였다. 화순의 협선루에서 쓴 삼산공의 시가 기사화되었던 것인데, 수소문 끝에 원본인《화순누정집》을 화순군청 심홍섭 문화재전문위원님에게서 받아든 날이 8월 1일, 그 기쁨은 이루 말할 수가 없었다. 유일하게 갖고 있었던 시가 '진도 벽파정'이라는 시인데, 이《화순누정집》에서 1편도 아니고 3편의 시가 더 발견된 것이다. 이 시를 통해서 삼산공의 모습이 그려지기 시작했다. 빛이 보였던 것이다. 또한《승정원일기》에 실린 내용을 한국고전번역원 이정원 역사문헌번역실장님에게서 받은 날이 8월 23일이었고, 번역되지 않은《승정원일기》몇 편과 간찰 등을 전남 광주민주

화운동동지회 김상집 공동대표님께 부탁했는데, 조선대학교 안동교 교수님께서 수준 높은 번역을 해주었다.

　'이태중'이라는 이름과 '삼산'이라는 호로는 자료를 더 이상 얻을 수가 없어 그 시대 인물들을 찾다 보니, 조카이자 문인화가 이윤영과 그의 절친인 화가 이인상을 알게 되었고, 두 사람의 삶과 삼산공이 연결되는 고리들이 하나씩 드러났다. 이윤영의《단릉유고》, 이인상의 〈수정루기〉 외에 두 사람이 단양 사인암을 가장 아름다운 곳으로 삼아 은거했으며, 그곳에 삼산공도 함께 갔다는 기록을 찾게 되었다. 단양 사인암과 관련한 자료를 찾다 보니, 산악인 몇 분의 블로그 사진 중에 사인암에 새겨진 '李台重' 글씨를 보게 되었다. 그 순간의 희열은 삼산공을 마주하는 기쁨으로 번졌다. 게다가 "후세의 사람들이 기억했으면 하는 바람"으로 바위에 새겼다는 기록을 만나게 됐고, '李台重(이태중)' 글씨 옆에 나란히 써 있는 閔遇洙(민우수), 李基重(이기중), 尹心衡(윤심형)에 대한 자료를 찾기 시작했다. 국회도서관 자료실을 샅샅이 뒤졌다. 인물들로 접근이 어려우면 당시 영조의 탕평책을 비롯한 여러 정책들과 노론·소론 대립, 호락 논쟁, 사회문제들에 관한 논문들과 학술지 연재 기록들을 살펴보았고, 회화, 조각, 비문 등 예술적 접근을 통해서 삼산공의 그림자를 찾기 위해 동분서주했다. 그러다 찾은 것이 이인상의《능호집》에 실린 화가 조영석의 〈지산도초본〉

에 대한 일화였다. 삼산공의 스승인 지촌 이희조 선생의 지시로 조영석이 그림을 그렸는데, 이 그림에 여러 인물들 사이에, 난간에 서 있는 동자가 삼산공이었다는 것이다. 비록 그림은 사라지고 없지만, 글 속에서 그림에 그려져 있던 어릴 적 삼산공의 모습을 목도하는 듯했다.

또한 흑산도와 진도 유배는 몇 개의 흔적이 남아 있는 데 비해, 영암 유배 생활은 깜깜절벽이었다. 영암과 관련된 여러 자료들을 찾다가 '전남 문화재자료 제268호 강진 선장리 창녕 조씨 고문서'가 2012년 문화재로 등록된 사실을 접하게 되었다. 9월 22일이었다. 그 자료를 검토하다가 삼산공이 영암의 조명조 집에서 유배 생활을 했고, 그 인연으로 삼산공이 평양 감사로 갈 때 조명조를 책방으로 데리고 갔다는 사실까지 확인할 수 있었다. 삼산공 곁에 가까이 다가간 느낌이었다. '당신과 전생에 어떤 인연이었기에, 이런 기적 같은 일을 만나게 해주는 겁니까?' 가슴이 벅차올랐다

강진문화원과 국립광주박물관을 통해 조명조 후손을 만나게 되었는데, 몇 가지 자료를 받아보니 삼산공의 시와 간찰, 둘째 아들 이득영의 시와 간찰, 삼산공의 평양감사 시절의 일부 모습을 들여다볼 수 있는 《서관일기》까지 다양한 자료들이 있었다. 이 자료에는 유배라는 현실 속에서도 자괴에 빠지거나 포기하지 않고, 지역의 영민한 젊은이들을 가르치며 책을 만

들어 보관 기록하게 가르치는 등 인재 양성을 꾸준히 했으며, 또 그 인연을 잊지 않고 적재적소에 등용함으로써 인의와 덕행의 사도(師道)의 풍모가 그려져 있었다.

빙옥처럼 휘황하여 그림 누각이 밝은데
내 마음과 견줘보니 맑고 깨끗함에 부끄럽네
가을바람 불어 점점 순로 절기에 가까우니
맑은 호수에 차가운 달빛이 본래 마음이로세

이러한 시를 접하니 삼산공의 청아한 마음이 선명하게 다가와 눈물이 마르지 않을 정도였다. 마치 살아 있는 삼산공을 만나는 듯했다. 사실이 많다고 그 사실이 저절로 진실이 되는 것이 아니듯이, 단편적인 사실들 속에서도 진실을 마주하기에 충분한 것이 바로 시가 아닐까라는 생각이 들었다. 역시나 시는 글로 담을 수 없는 수많은 것을 담고 있었고, 시를 쓴 이의 향기를 가득 안고 있었다.

그래도 삼산공을 구체적으로 이해하려면, 어떤 시대적 배경에, 어떤 사회문제 속에서 어떤 선택과 결정을 하고, 행했는지가 밝혀져야 했다. 숙종과 경종, 영조 시대의 흐름을 이해하고, 영조의 탕평책의 진행 과정, 노론과 소론의 당쟁 과정과 결과물들 그리고 그 아래 짓밟혀서 왕과 관료들의 무관심 속에 고

군분투하고 있었던 백성들의 문제들까지 정리하면서 삼산공의 고뇌와 신념, 희망을 들여다볼 수 있었다. 이 과정에서 왜 삼산공이 20여 년간 출사를 한사코 마다했는지, 삼산공이 왕에게 원하던 바가 무엇이었는지, 어떤 삶을 살려고 했는지도 조금씩 분명해지기 시작했다.

삼산공은 "왕은 신하를 업신여기지 말고, 덕의 정치를 펼치되, 균형 있게 바르게 해야 한다"고 주장했다. "굶주려 죽을지언정 수치를 무릅쓰고 벼슬길에 나갈 필요가 없다"고 말했다. 모든 이들의 생명 거탈권을 쥐고 있는 왕에게, 무소불위의 왕에게 "끓는 물도, 도끼도 두렵지 않다"고 밝혔다. 그리고 "강방하고 정직한 선비들을 모아 대간에 배치해 광명한 치덕을 나타나게 해달라"고 직언했다. 이 강한 자존감이, 백성을 향한 바르고 덕스러운 정치에 대한 믿음이, 세상을 바꿀 수 있는 기회가 온다면 벼슬길에 들어가 세상을 바꾸어내야 한다는 용기와 희망이 그를 청백리로 부르는 까닭이라는 생각이 든다.

삼산공은 뇌물 수수 사건을 조사해 단호하게 뇌물 액수를 회수하고, 부패 비리 풍토를 개선했으며, 나라와 백성의 재물을 탐한 관리는 팽형 처벌하고, 외척의 힘으로 득세하면 파면시켰다. 엄격한 공직 사회의 원칙을 지키기 위해 관청의 곡식을 축나게 한 관리에게 장살형으로 처벌하려 했지만, 백성들이 호소하면 백성을 위한 죄이기에 면죄하되 축낸 것만큼 책임을 지고 채우라는 융통성도 있었다. 기준은 하나, 나라와 백성을 위한다는 원칙을 분명히 한 것이다.

과중한 군역세를 감면해 군포를 개선하고, 빚을 탕감해 백성들의 부담을 줄였으며, 철광업, 은광 산업, 양잠업 등 경제 개선 활동을 강화시켜 삶의 질을 개선시키기 위해 노력했다. 구휼 정책에도 힘을 쏟았다. 평양감영, 해주감영의 창고를 고쳐서 식당을 만들고 유리걸식하는 백성들에게 밥을 먹을 수 있도록 했으며, 그들을 직접 짚신, 가마니, 새끼줄, 베틀 등의 작업에 종사하게 해서 생활이 나아지도록 도왔다. 백성을 긍휼히 여기는 마음이 '덕치'의 핵심이었던 것이다.

그리고 가장 중요한 것, 자식과 가정에 대한 가르침은 더 엄격했다. 맛있는 음식을 많이 차려서 먹으면 몸에 복될 것 없다면서 멸치 한 접시, 된장찌개로 달게 맛있게 먹으면 된다 했다. 전답이 많아지면 자식들에게 재앙이 될 것이기에, 차라리 나라의 가난한 이들에게 흩어줌이 낫다고 했다. 나와 내 식구들이 행복하면 그만이라는 요즘 세태를 삼산공은 엄중하게 꾸짖고 있는 것이다.

'청백리천거단자(淸白吏薦擧單子)'를 검색해보면 다음과 같은 내용이 있다.

조선 정조 말기에 청백리를 선발할 때, 청백리로 천거된 사람들의 관직과 성명, 천거한 사람들의 성명 등을 천거 횟수 별로 분류해 기록해둔 단자. 본 단자에 등장하는 피천인은 이태중(李台重)을 비롯하여 모두 84인으로, 모두 1694년(숙종 20년)부터 정조 말기까지 약 100년 사이에 활동한 인물이다.

'이태중을 비롯하여 모두 84인'이 청백리라고 대표적으로 말하고 있는데, 이런 인물이 왜 역사 속에서는 숨겨져 있었을까? 매우 늦었지만, 삼산공이 필자에게 기적처럼 자료를 하나씩 하나씩 쥐어주었기에 결국 평전이 마무리되었다. 다만 아쉬운 것은 조금 더 살아서 경세가로서의 지략을 많이 펼치고 행했더라면, 조선 사회와 백성들의 삶이 달라졌을 텐데 하는 점이다. 사관도 기록했듯이, "잠시 동안 죽지 않고 세상에 쓰이도록 했다면…… 권세나 부귀를 다투지 않고, 이익을 좋아해 부끄러움이 없는 자에 비하면 이태중은 뛰어난 사람"이었기에 말이다. 오랜 유배 생활, 스스로에게 엄격한 생활로 인해 건강이 허락하지 못한 것이 몹시 안타깝다. 후손이어서가 아니라, 어느 시대나 꼭 필요한 '경세가'이기에 말이다.

그리고 필자에게는 매우 뜻깊게도, 삼산공을 청백리로 추천한 분이 본관이 청송인 심이지 호조판서였다. 필자의 집안 어른이 시댁의 어른인 삼산공을 청백리로 추천했다니, 사람이 셈할 수 없는 '깊은 인연'에 감읍할 따름이다.

　나라와 백성을 우선 생각하는 삼산공의 신념과 실천이 널리 펼쳐질 때, 그 길을 우리가 따라가면서 행할 때, 나라와 국민은 물론 나와 나의 가족들도 좀 더 반듯하고 공정하고 평등한, 그래서 더불어 행복한 삶을 살 수 있다고 생각한다. 이웃과 사회, 나라를 먼저 생각하고 행하는 사람들일수록 도덕적 기준은 스스로 더 엄격하게 해야 하고, 또 어떤 특권과 특혜, 실익에 현혹되지 말고 다른 이들의 시선에 굴하지 않으면서 당당하고 바른 삶을 걸어가야 한다. 그래야 사람을, 세상을 바꿀 수 있다고 믿는다. 그렇게 살라고 삼산공이 모습을 보였나 보다. 고마울 따름이다.

2019년 11월

심복자

미주

1부

1 《조선왕조실록 태백산사고본》 30책 40권 25장 1735년(영조 11년) 4월 24일.

2 《조선왕조실록 태백산사고본》 30책 40권 25장 1735년(영조 11년) 4월 25일.

3 김조순, 〈호조판서공 시장〉, 《풍고집》.

4 《영조실록》 42책, 476쪽.

5 《영조실록》 42책, 476쪽.

6 《조선왕조실록 태백산사고본》 30책 40권 26장 1735년(영조 11년) 4월 25일.

7 《조선왕조실록》 30책 40권 26장.

8 김약행, 《유대흑기(遊大黑記)》, 273쪽; 최성환, 〈유배인 김약행의 〈유대흑기〉
를 통해 본 조선 후기 대흑산도〉, 《한국민족문화》 36, 2010, 139~177쪽.

9 《조선왕조실록 태백산사고본》 30책 40권 25장 1735년(영조 11년) 4월 25일.

10 《조선왕조실록 태백산사고본》 30책 40권 28장.

11 《조선왕조실록 태백산사고본》 30책 40권 47장.

12 김조순, 〈호조판서공 시장〉, 《풍고집》.

13 김경숙, 〈조선시대 유배형의 집행과 그 사례〉, 《사학연구》, 한국사학회,
1998, 385~386쪽.

14 최익현, 《면암집》, 28~29쪽.

15 《여지도서(輿地圖書)》(1758~1765).

16 심재우, 〈조선후기 단성지역 정배인의 존재양태〉, 《한국학보》 102호, 2001,
91~110쪽.

17 봉조하 김이양, 〈충숙공(忠肅公)이복영 시장〉, 《한평군세보》, 638쪽.

18 이태중, 〈협선루, 제영 기일(題詠 其一)〉, 《화순 누정집》, 619쪽.

19 이태중, 〈협선루, 제영 기일(題詠 其一)〉, 《화순 누정집》, 620쪽.

20 이태중, 〈태수대〉, 《화순 누정집》, 653쪽.

21 김수진, 《능호관 이인상 문학연구》, 서울대대학원, 2012, 121쪽.

22 《영조실록》 51권 1740년(영조 16년) 5월 11일.

23 《조선왕조실록 태백산사고본》 37책 51권 25장.

24 김조순, 〈호조판서공 시장〉, 《풍고집》.

25 《조선왕조실록 태백산사고본》 38책 52권 9장.

26 《영조실록》 52권 1740년(영조 16년) 윤6월 25일.

27 《조선왕조실록 태백산사고》 40책 54권 19장.

28 이기봉, 《천년의 길: 남한강길, 강화길, 의주길을 가다》, 소수출판사, 2016.

29 《승정원일기》 1747년(영조 23년) 10월 15일.

30 《영조실록》 67권 1748년(영조 24년) 6월 21일.

31 《승정원일기》 1041책(탈초본 57책) 1749년(영조 25년) 3월 6일.

32 《승정원일기》 1045책(탈초본 57책) 1749년(영조 25년) 6월 4일 경진.

33 《승정원일기》 1046책(탈초본 57책) 1749년(영조 25년) 7월 12일 무오.

34 김조순, 〈호조판서공 시장〉, 《풍고집》 14권, 520~552쪽.

35 《이우당집(二憂堂集)》 2, 〈념함자운기본읍사실(拈咸字韻記本邑事實)〉.

36 이현, 〈마음의 고향 청백리의 숨결을 찾아서 이태중편〉, 계간지 《감사》, 감사원, 89쪽.

37 김조순, 〈삼산공 시장〉, 《한평군세보》, 601쪽.

2부

1 이태복, 《조선의 슈퍼스타 토정 이지함》, 동녘, 2011, 259쪽.

2 송찬식, 〈17~18세기 조선후기사회와 광작운동〉, 《이해남박사회갑기념사학논총》, 1970.

3 이태복, 《조선의 슈퍼스타 토정 이지함》, 동녘, 2011, 329~360쪽.

3부

1 신천제, 〈목은가학의 이념과 성립〉, 성균관대 유교문화연구소, 2002, 25쪽.

2 권근, 〈목은선생 행장〉, 115쪽.

3 하정승, 〈정몽주 시에 나타난 죽음의 형상화와 미적 특질〉, 《포은학연구》.

4 《동문선》 권10, 적거즉사(謫居卽事).

5 《한산 이씨 한평군파세보》 권1, 157~167쪽.

6 〈귀천공가장(참판공가장) 및 행장〉, 《한산 이씨 양경공파세보》 권1, 657~688쪽.

7 〈이중심묘지명정서〉, 《농암집》 권27; 〈군수이공묘표〉, 《지촌집》 권24 참조.

8 《능호집》 하권, 권4, 163쪽.

9 《능호집》 하권, 권4, 163쪽.

10 이민보, 〈이태중 제문〉, 《풍서집》 8권.

11 이인상, 〈수정루기〉, 《능호집》.

12 신경, 《여이원양직초집(與李元亮直莒集)》 권5.

13 이규상, 《병세재언록》, 150쪽.

14 박경남, 〈단릉 이윤영의 산사연구〉, 서울대 석사논문, 2001.

15 이인상, 《능호집》 하, 돌베개, 2016, 125~129쪽(327~328쪽).

4부

1 《조선왕조실록》 1750년(영조 26년) 3월 26일.

2 조성린 편저, 《조선의 청백리 222》, 조은출판사, 2012, 16쪽.

3 조성린 편저, 《조선의 청백리 222》, 조은출판사, 2012, 296~297쪽.

4 이윤영, 《단릉유고》와 이인상 〈수정루기〉 등.

5 김조순, 〈호조판서이공 시장〉, 《풍고집》.

6 김조순, 〈호조판서공 시장〉, 《풍고집》.

7 국사편찬위원회, 《한국사 24: 조선 초기의 경제구조》, 탐구당, 2013, 235쪽.

8 조명조, 《서관일기》.

9 이태복, 《슈퍼스타 토정 이지함》, 동녘, 2011, 242쪽; 이태복·심복자, 《사회복지정책론》, 나남출판, 2006, 142쪽.

10 1754년(영조 30년) 윤4월 14일. 《조선왕조실록 태백산사고본》 58책 81권 26

장 A면; 《국편영인본》 43책, 523면.

11 강효석 편 · 이민수 옮김, 《대동기문 (하)》, 명문당, 2000, 211~212쪽.

12 김문기, 《명풍수 얼풍수》, 역락, 2002.

13 이규상, 《병세재언록59》, 창작과 비평사.

14 《조선왕조실록 태백산사고본》 62책 88권 20장 B면; 《국편영인본》 43책, 634면.